가을을 수선하다

국립중앙도서관 출판예정도서목록(CIP)

가을을 수선하다 : 조성례 시집 / 지은이: 조성례. -- 대전
: 지혜, 2017
p. ; cm. -- (지혜사랑 ; 168)

ISBN 979-11-5728-228-9 03810 : ₩9000

한국 현대시[韓國現代詩]

811.7-KDC6
895.715-DDC23 CIP2017010741

지혜사랑 168

가을을 수선하다

조성례

지혜

시인의 말

늘 어둠 같은 머릿속에서
나를 풀어낸 다는 것에는 큰 용기가 필요했습니다.
쭈뼛거리면서 한 걸음 한 걸음 나를 표현했습니다.
꺼내놓고 후회하곤 하는 반복된 일상이었습니다만
어쩌면 글쓰기는 제게는 흔들리는 촛불과 같습니다.
이제 미흡하지만 옷을 입혀서 세상에 내놓습니다.

2017년
조성례

차례

2부

3부

4부

• 일러두기

한 연이 첫 번째 행에서 시작될 때는 > 로 표시합니다.

1부

가을을 수선하다

가을햇살에 잘 익어 구수해진 볏짚으로 토담을 수선한다
이제는 오래된 장처럼 곰삭아 정겨운 늙은 아내의 잔소리도
몇 가닥 솎아 함께 볏짚사이에 밀어 넣고 촘촘하게 이엉을 엮는다

토담 위 용마루가 황룡처럼 넘실넘실 헤엄쳐 오르면
팔짱끼고 구경하던 아낙들의 웃음이 맷돌호박만큼씩 달게 퍼질러지고
오래전 속내가 투박했던 한 사내를 따라 무작정 뛰어넘었던, 저기 저 담
댕기머리 풋사랑 혐의들이 하나 둘 갈볕 아래로 구수하게 풀어진다

노인은 담 위로 올라앉아 왼새끼 꼬듯
그 옛날 비밀스런 월담의 이야기까지 속속 끼워 지붕을 얹는다
크고 작은 사연들이 모여서 완만한 생을 이루는 돌담,

누구는 새색시 적 시집살이 힘들어 저 담을 넘었다 하고
또 누구는, 이웃집 청상과부의 속살이 그리워 군침을 다시기도 했다던

돌담은 우리들의 과거를 모두 함구한 채, 함께 그렇게 등이 굽어간다
햇살이 먼저 낸 길로 담배 한 대 문 노인의 엉덩이가 지나간 자리마다
바람의 모퉁이로 툭, 툭, 떨어져 내렸던 감꼭지가 오후의 시간을 끌어 덮는
그런 날 장독대는 목화솜 같은 햇살을 깔고 앉아 오래도록 졸았다
그 꿈 언저리, 설거지물 내다버리던 어무니의 토담집 너머에서는
집을 나가 소식이 끊겼던 순이가 봇짐을 안고 기웃, 서성이기도 했으리

어느 집, 오랜 비와 바람으로 한쪽이 씰그러진 담장을 수선한다
그 곁에서 여인들은 풋내 나는 추억들을 솎아내며 벙싯벙싯 싱거워지고
이제는 등 굽은, 동네 처녀총각들의 무수한 도발을 오래 묵인해 온 태양이
능청스레 허리를 펴며 저녁 먹으러 서산을 넘는, 저녁마을

폭우, 그 끝

주방에서 무심코 과일을 깎는데
거실, 그녀의 등 뒤로 도랑물 흐르는 소리가 들린다
어머니가 콩나물시루에 물을 주시나보다
주름진 저 손안에서 흘러나오는 긴 소리의 끈들
산골 작은 도랑의 얼음을 껍질처럼 과도로 벗겨내면
샘물의 속살에서도 저런 소리가 날까?

칠월, 태양이 꺼진 잿빛 허공 어디쯤
구름들의 모서리에서 뛰어내린 이슬비가 폭우로 변하던
어느 여름의 우기였을 것이다,
산골도랑의 바위를 굴리고 화전 밭을 뭉개고
산 아래 마을을 초토화시켰던 폭우도,
그랬다 붉은 울음들이 삼키고 떠난 자리들은 모두
길 아닌 길을 허옇게 포태하고 있었다
오래전 그녀의 사내가 저녁밥상을 내던지듯
골절된 세상의 꿈들을 부셔버렸을 때도
어머니, 그녀의 가슴 안쪽으로 붉은 물이 범람했었다

맥없이 뿌리 뽑힌 계절도 소화불량에 걸린 하늘도
상처 입은 것들 모두를 안쓰럽게 끌어안고 이제껏 살아온
저 고요한 뒷모습은, 얼마나 무수한 체념들을 안으로 삼킨 것일까

어머니는 오늘도 여전히 콩나물시루에 물을 주시고
밖은 어느 새 찬바람 부는 시월,

나는 붉게 익은 사과 속 단물이 그리워 다시 과도를 든다
문득, 껍질이 잘려나간 속살마다
노모의 침묵이 벌레처럼 웅크린 채 쓸쓸히 돌아누워 있다

올빼미

가을이 되자,

지난봄에 새마을 부녀회에서 심었던 동네 앞 코스모스 꽃길이

분홍 보라 빨강으로 온통 파도를 쳤다

열 두어 살 주린 배에 노을이 지고, 그런 날 나는

코스모스와 잔디 씨를 받아오라는 숙제도 까맣게 잊고서 고픈 배 끌어안고

동구 밖 논둑과 누렇게 익은 밀밭을 지나 밀주가 있는 친척집으로 갔다

저승사자보다 무서운 세무서 방지원이 벌떼처럼 드나드는 동안

밀주, 볏집 속 헛간 구석 나뭇간 어디쯤에서 변함없이 부유해지곤 했고

친척집은 늘 이맘때면 고두밥과 누룩으로 술을 빚곤 했다

세상의 저녁이 익어갈 쯤에야 나는 포만의 귀가를 서둘렀고

알 수 없는 내 안의 비틀거림, 낡은 검정 고무신은 더 자주 벗겨졌다

언제나 시소를 타듯 오르내리던 논둑 길

발밑에 또 하나의 초저녁달이 출렁거릴 쯤에야 동네 입구에 다다라

아랫배 한쪽이 그득해진 나는 치마를 들치고 나무 밑을

찾았다
순간 흔들리는 내 속을 향해 날아드는 머리 위의 거대한 푸덕거림,
담장 옆 키 큰 코스모스가 놀라 나 대신 콩알 만해진 가슴을 쓸어내렸다
그날 밤, 술지게미는 얼마 못가 나를 토해냈고 내 유년의 요실금 근처엔
거대한 올빼미가 있었다

아침이 되자 도시에서 꽃씨처럼 이주한 앞집 젊은 부부가 잘 익은 미소로 건너왔다
귀농 후 첫 수확이라며
햅쌀 반가마를 마루에 놓고는 가을볕처럼 모락모락 사라지는 내외

담장 아래 들국화가 간밤 무언가를 마셨는지 살랑, 보랏빛 비틀거림을 흘린다

일곱 마디
— 입관식

염장이는 시신을 닦기 시작했다
차갑게 식어버린 몸, 하얀 홑이불을 조금씩 밀어 올릴 때마다
푸른빛이 도는 백자 같은 생이 쓸쓸하게 드러났다
가시밭길 구순의 세월, 살아온 인생 내내
다섯 남매의 배고픔과 칭얼거림만 머리에 이고 다녔는지
그녀의 발바닥 굳은살이 두부모처럼 각이 져 있다
남은 자들의 곡소리 가팔라지고, 염장이의 손끝에 속도가 붙자
저승이 어둠을 이고서 성큼 문 앞으로 다가왔다
한평생 미완의 전답만 파헤쳤는지, 저 여인 남은 것이라곤 알몸 한 채 뿐
여기저기 각질처럼 들 뜬 그녀의 뼈아픈 생을
염장이의 이마에서 떨어진 땀방울이 지긋이 눌러주고 있다
모질고 팍팍했던 그녀의 생을 놓고 떠나는 마지막 길은 쓸쓸하다
염장이의 손길이 싸늘한 주검의 일곱 번째 마지막 마디를 묶고 있다
그러나 저 여인, 응어리지고 지독했던 생이 어디 일곱 마디뿐이었으리
길을 잃고 미궁에 빠진 불행의 밤이 또 일곱 날만 됐을까
숨이 멎듯 캄캄해진 생전의 사연들을

검붉게 얼룩진 시트처럼 침대 밑으로 미련 없이 벗어놓고

그녀가 떠났다

떠나간 자리에 먼지 한 줌 만도 못한 허한 바람만 남긴 채,

보리, 분얼의 가계家系

엉성하게 일어난 흙처럼 거칠게 들뜬 생각들을 꼭꼭 밟으며 보리밭 이랑을 걷는다 행여 웃자라 뿌리 마를까 걱정되었는지, 오남매 들판가득 풀어놓고 아득히 펼쳐진 벌판 저쪽에서, –꼭꼭 밟아라 –꼭꼭 밟아, 오래전 이승을 떠난 까실한 당부가 아득히 살아 들려오는 한낮

언제였던가, 들판의 푸른 페이지들이 누렇게 돌아눕고 세상의 모든 사연들이 곳간 안쪽으로 들어가 두문불출할 때 서릿발 성성한 들판에서 아버지는 칼바람을 안고 씨를 뿌렸다 보리 거스러미 같은 투박한 그 손으로 우리들의 가난한 삶처럼 까칠한 내일을 그렇게 파종하곤 했다

그의 무수한 염원들은 그칠 줄 모르던 기도처럼 알알이 땅에 박혀들었고 막 뿌리내리기 시작한 오남매의 뒤척임을 꼭꼭 여며 이불 덮어주시던 등 굽은 손길에는 까칠한 각질이 버석였다 쉬이 덧나던 큰언니의 식모살이와, 자주 부러졌던 오빠의 야학도 아버지의 보리밭 이랑을 거치면 늘 새로운 뿌리로 단단해졌다 보릿고개 한켠에서 어렵게 구한 쌀겨로 죽을 끓여 우리에게 먹인 어머니는 우물물로 허기를 속인 채 우리 몰래 노란 어지럼증을 양지쪽 햇살에 감쪽같이 숨기곤 했던 시절

그렇게 살얼음 같던 생의 벌판에서 천둥벌거숭이였던 우

리들은 북풍한설 마주하며 두 분이 밟고 눌러준 눈물의 무게만큼 생의 안쪽 깊이 뿌리내릴 수 있었다 이제 남은 생의 대부분을 바닥낸 백발의 나도 그때의 누군가처럼 황량한 겨울 벌판에 섰다, 이따금 구름 사이로 외출 나온 햇살아래 눅눅했던 어린 시절의 그리움을 말리며 이곳 어딘가 떨어져있을 두 분의 음성 몇 알 찾아 끝없이 서성인다

* 분얼 : 땅속에 박힌 식물의 부러진 뿌리에서 새 뿌리가 나오는 것.

바람에게 세놓다

인두겁이 짐을 싸고 떠나자 그 집, 언제부턴가 바람이 몰래 세 들어 살았다
주객이 바뀐 세월들의 주소지에는 녹슨 시간들이 산란한 잡초더미와
깨진 사기 그릇 같은 사연들이 대식구를 이루고 수런거렸다

들꽃을 꺾으며 놀던 아이도 소녀로 웃자라 객지로 떠나고,
오래전 누군가가 남긴 유목민 같은 낙서와 어설픈 벽화들
그 집, 찢겨 나간 바람벽 안쪽에서 아이를 기다리던 그림들이
이따금 날아드는 앞산의 산새 소리와 적막을 축내며 늙어갔다

망.초.꽃.이. 술.빵.같.은. 하.얀. 그.리.움.을. 풀.어.놓.자. 바.람.이. 불.었.다.

무수한 기침소리 웃음소리 발자국 소리가 이끼처럼 다닥다닥한, 옛집 마당
텅 빈 마을에 날이 저물자 저만치 싸리문을 열며 누군가 돌아온다
온종일 밭에 심겨져 고춧대와 옥수수처럼 흔들리던 흑백

의 부부가
땀수건을 풀어헤치며 그믐 같은 노동의 피로를 가득지고 들어와
화석이 된 부엌과 뒤란으로 유령처럼 사라진다

낡게 기운 지붕 위로 땅거미가 내리자 삐거억-, 누군가 광문을 여는 소리
개밥바라기별이 초생 달로 우물을 떠서 늦은 저녁쌀을 안치고
빈집 굴뚝 저 끝, 밤하늘 가득한 별빛들이 연기처럼 모락모락 반짝인다

음지식물

도시에서 파산을 장만한 꽃들은 모두 음지로 밀려났다
언제부턴가, 창백한 지하도만 골라 뿌리를 내리는 위태로운 저 식물들
생의 가장 낮은 바닥깊이 궁색함을 뿌리내리고
구걸하는 두 손에는 얼마 남지 안은 생의 간절함이 가득하지만
쉴 새 없이 오가는 행인들의 싸늘한 발길 끝에서
그들이 가장 포만하게 받아먹는 혜택은 차가운 외면과 흙먼지 뿐

이따금, 배고픔과 추위를 덧댄 누더기 잠이 아득히 밀려오면
위태롭고 눅눅한 쪽잠 속에서 오래전 떠나간 아내와 아이들이
목이 꺾이고 부러진 갈대처럼 까무룩, 흔들리다
어렵사리 찾아든 바구니 속 동전 소리에 놀라 선잠을 털어낸다

그믐 같은 밤이면,
채 구원받지 못한 배고픔과 오염에 얼룩진 수치심을 챙겨
검은 도화지처럼 내려앉은 밤 골목 잠자리를 찾아 사라지는 그들

얇고 위태로운 입김처럼 뿌옇게 지워지는 그들의 손에
구겨진 신문지와 라면박스가 전기장판 대신 들려있다
오늘은 어느 후미진 구석에서 죽음보다 못한 누더기 잠을 누일까,
첫눈이 오려는지 영하의 바람이 분다, 이제 내일이면 또
새롭게 생산된 신용불량들이 우후죽순처럼 생겨나고
얼마나 많은 이들이 지하계단에 차압딱지처럼 납작하게 붙어
쉬이 열리지 않을 행인들의 주머니를 종교처럼 갈망할 것인가

기억을 복원하다

세상 모든 기억들의 유전자는 역방향 쪽으로만 달린다
회색빛 사연들은 모두 둥글고 긴 소실점을 안고 철길에 누웠고
만종을 찾아 나섰던 옛날 명화 속 가을들판의 저녁 기도와
그 한켠에서 덜컹거리며 고개 드는 내 유년의 기억들도 모두
창백한 과거형이다

창밖 풍경들은 오래 익혀온 습관처럼 어딘가로 빠르게 밀려가고
오래 전 한 때
붉거나 노랗게 간이역 화단을 밝혔던 사루비아와 해바라기도
더 빨리 잊히는 복무에만 충실하려는 듯
제 발밑으로 까만 씨앗만 떨구어 대던 어느 오후, 나는 기차에 있었다

어쩌면 이 낡은 기차도 평생 단단한 기억을 찾아 역방향으로만 달렸을까
그러나 내 지나온 날의 뒤안길은 쉬이 다가오지 않고
다만, 터널처럼 눈을 감은 어두운 내 기억 속 저 멀리에서
한 아이가 칸막이 송판 저 너머에서 숨죽여 울고 있다

그 아이가 작은 틈새로 두렵게 살피고 있는 것은 노파와
등불이다
어느 늙은 여인과, 그 주변을 둘러싼 그을음처럼 끝이 없
던 불행들
그러나 간절한 기억들은 쉬이 끝나는 터널처럼, 수명이
짧다

다시 눈을 뜨고 창밖을 보자,
지나온 기차 길을 따라 그녀 속 어린 누군가의 눈물이 울
컥울컥 토해진다
그녀의 젊은 엄마와 어린 여자 아이가 재 너머 목화밭에서
달콤한 목화송이를 입에 집어넣던 흑백의 기억이 고스란
히 복재되고 있는 가을
덜컹, 기차의 흔들림에 기억을 털어낸 그녀가
주섬주섬 실어증에 걸린 가방을 챙긴다

생을, 분실하다

몸이 나이를 먹으면서 노인은 기억의 괄약근도 풀려버렸다
오래 익혀온 숫자의 법칙도, 아이들 이름과 아파트 비밀번호도 모두
방전된 지 이미 오래고 그녀 이제 어떤 것도 열리지 않는다
거실 창가에 앉아 해바라기를 하는 한낮에도 그녀 안에 그녀는 없다
한번 열리면 잘 닫히지 않던, 그 옛날의 망가진 문처럼
만화방창의 화려했던 그녀의 일생은 모두 어디로 갔는지
지금 그녀라는 가옥 한 채가 통째로 기울고 있다

바람은 동서남북으로 불고, 물의 흐름도 매번 새로운 근원이 되지만
그녀는 한번 뽑혀 영원히 시든 꽃처럼 좀처럼 돌아오지 못한다
아직도 뭔가 분실하고 버릴 것이 더 남았는지
옷 입은 채 남루하게 서서
아랫도리에 뜨끈한 미련을 배설하고 아기처럼 옹알이 하는 천진한 저 여인

악취 나는 오후 한 겹 말리려 베란다 문을 열자,
오후의 햇살이 다가와 조문하듯, 그녀의 앙상한 하체를 쓰다듬는다

초라하게 드러난 노모의 검은 사타구니가 오래전 다녀간 사내라도 기억하는지

바람에 슬프도록 수줍게 몸을 뒤척인다

바다 고물상

몸에서 몽돌 구르는 소리가 난다
몸이 출렁일 때마다
지상과 맞닿는 곳이 밤을 뒤척인다

길모퉁이에 쌓여 있는 고물이 된 내 사유들,
미각을 즐기던 것
오관을 진정시키던 것
습관처럼 받아들인 식탐들

뼈마디는 스티로폼이 되어 가고
뚫어진 어망을 빠져나간 생각들
벌겋게 녹슨 함석이
몸속에서 텅텅 빈 소리를 낸다

소리 밖으로 밀려가던 그것들
쪼개지고 날카로운 상처투성이다
상처 대신 바다 고물상이라는 입간판을 내건
구멍 난 신발을 구겨 신은
내가 저곳에 있다

꽃문양 팬티

지난 뉴스를 본다
하얀 실밥이 나풀거리는
팬티 문양이 낯설지가 않다
몇 년을 입고 빨기 거듭하니
풋풋하게 피어나던 꽃송이도 시들하다
저 스스로 피워내는 향기가 더 이상 나지 않는 것이
우리 부부의 결혼 생활 보는 듯하다
새로울 것도 없는 밥상에서 날 지난 신문을 보고
시들한 대화가 수저질을 하듯
비밀일 것도 없는 속옷,
한쪽 고무줄을 당겨보지만
푸르르 김빠진 압력밥솥의 뚜껑처럼 열린다
다시 예쁜 속옷을 사 입어 볼까

꽃나비 화르르 날아오르는 문양이
핫뉴스로 태여 날 수 있을지
묵은 뉴스를 돌돌 뭉쳐 다시 농속에 보관을 한다

아가미

아래턱의 틈과 그 속의 붉음,
나는 당신의 아가미를 가졌습니다

물의 공중을 건너가는 숨소리를
들을 수 있는 또 하나의 귀가 생겼습니다

서서히 물 안에 몸을 눕히자
하나 둘 별이 바다 속으로 뛰어듭니다

바다는 당신을 켜 놓은 것 같습니다
불빛 사이를 해파리들이 크고 작은 고기 떼들이
건너다니면서 당신을 비추곤 합니다

나는 어느새 아가미로 숨 쉬고
지느러미로 당신을 찾아냅니다

물을 뚫고 뛰어오르며
당신만큼 지느러미가 자랐다고 생각했지요

내 몸에 갑자기 소름이 돋아났어요
내가 가닿고 싶은 몽상가의 하루가
사라져가고 있었습니다

할복

하늘이 제 몸에 소리를 내고 있다
허연 속살을 두드리고 있다
숱한 나날을 담장 위에서 견뎠건만
결국은 스스로 할복을 했다
들숨 날숨 사이로 난 길이 말라갔고
사도처럼 목이 탔다

누구에게 꽁꽁 숨겼던 소리를 빼앗겼을까

신음이 없다는 것은 길을 다 빼앗겼다는 것
얼마나 애타는 소리를 질렀겠나

길을 내고 남은 몸에는 온통
목쉰 소리들이 매달려 있었다
어쩌면 그 울퉁불퉁 매달린 소리들이
숨을 가져갔는지 모르겠다

바싹 마른 입술로 여름을 건너고 있던
애호박 한 덩이가
매달려 있던 줄기를 끊어버렸다

거룩한 탄생

거룩한 광란의 밤을 보내기로 한 날
그 남자는 젖은 눈처럼 찾아왔지
수평을 이루는 눈밭에 하나씩 발자국을 남기는
그의 눈길은 펄펄펄 떨렸지
그의 숨결은 그날의 캐롤처럼 폐부에서 흘러나왔지

그러나 하나도 성스럽지 않았어
그가 만든 발자국은 마치 먼 타국으로 떠난
조부의 발길처럼 딱딱했어
북쪽에서 내리는
젖은 눈은 발길을 돌리지 못하게 했지

성스러운 밤 성스러운 의식을 치러야 할
음악은
팝콘의 폭죽처럼 광기를 지녔지
디스코와 라틴음악은
드넓은 눈밭에 짐승의 포효처럼 박혀버렸지

날이 밝고 눈 녹은 땅에서 들려오는 뉴스
푸르게 푸르지 않게
새로운 세계를 영접하기 위해 떠나간 그가
아주 작은 활자로 보여주었지

불면증

수목은 이미 하루치의 수명을 다 한 듯하다

자정에 귓속만 잠이 들지 않는다
세상에서 돌아다니다 저 혼자 길을 잃었던 것들이
모여서 연주를 하고 있다
그 중에서 가장 큰 소리를 내는 것은
유년의 흐린 불빛들,

칸막이 불빛마저도 허용하지 않았던
노할머니의 밭은 기침소리,
그리고 지집애라는 욕이 살아서
귓속을 돌아다닌다
긴 장죽으로 밤을 두드리는 소리는
어둠이 짙어질수록 더욱 견고해진다

어린 지집애가 문틀을 붙들고 우는
울음 아닌 울음
그때 유년을 쓰다듬어 주던 손길은
너무 먼 곳에 머물러 있다

사락사락 스란치마 끄는 소리 들리는 시각
저 눈의 끈을 붙들고
나는 까치의 다리를 밤새 건너고 있다

부딪친다는 것은

종달새들의 교미시간은 호흡과 호흡 사이
날개들이 공중에서 휘청 흔들리며 하나가 된다
그 순간 서로의 호흡에서 벗어나
하늘을 한 번 크게 흔들며 다시 부딪친다

부딪치며 생기는 순간의 떨림에서
몇 겁의 시간이 소멸된다

가볍게 날아오른다고 그들의 부딪침이
가벼운 것은 아니다
누대를 이을 그들의 등은
무거운 배낭을 짊어질 만큼 단단하다
부딪치는 순간은 한낮의 햇살조차 숨죽이고
온 창공을 침실로 만드는 거룩한 시간이다

수줍게 떨어뜨린 깃털처럼
꽃들도 온몸으로 부딪쳐야 붉어진다

영광, 대한민국

백화점 지하 식품코너에 가보면
반짝반짝 빛나는 세일도 있고
깜짝 눈을 감았다 뜨는 세일도 있다

점원의 손에 굴비가 들리기도 전에
여인들은 굴비처럼 엮여 있다

때마다 팬에 한 마리씩 굴비가 얹어지듯 두름으로 엮어 놓은
여인들이 차례로 노란비닐봉지를 들고 빠져 나간다

아가미에 노란 색 물들이고
노란 비닐 테이프에 짚을 섞어 엮은 영광굴비,
노란 비닐 줄과 짚은 지그재그로
세 줄의 길을 내면서 엮어나간다

나도 영광이라는 허명
나도 영광굴비를 먹는 부류라는 허명
고향은 타향이라는 허명
허명을 영광굴비처럼 엮었다가 손에 쥐고 가는 여인들,

영광, 영광 대한민국
그들이 영광스런 모창의 주인공들이다

깻잎을 재우며

중심에서 가장 먼 곳부터 핏기를 줄이며
생선 뼈대처럼 푸른 기를 덜어낸다
그새 잎맥이 도드라져 있다
뜨거운 물속에서
서로 엉킨 손가락 끝을 놓지 않고 매달리는 깻잎들
마지막 생을 줄여가던 아버지 모습 같다
꼭지 쪽을 붙들고 탁탁 턴 후
깻잎 서너 잎씩 가지런하게 펴놓은
잎잎 위에 얹힌 파가 아버지의 남은 날들처럼 맵다
통깨를 조금씩 뿌려놓으니
푸석하던 생명이 순간 살아난다
떨리는 눈망울로
풀어줘
풀어줘
반복할 때
검버섯 돋은 얼굴로
말라가는 깻잎처럼 부석거렸던 아버지에게 저처럼
양념으로 옷을 입혀보았으면,
결박이 풀리면 당장이라도 나를 것 같았을까
침대와 한 몸으로 엮던 흰 시트를 걷어내던 날
뼈조차 노랗게 물든 깻잎되어 바닥에 내려진 당신,
아버지를 받쳐 든 손가락 사이로
그새, 뚝뚝 울음과도 같은 물기가 흘러내린다

송판

못질을 한다
한번 내려칠 때마다 물길이 열린다
열린 물길을 따라
주름진 파도가 밀려온다
한 때는 생명이었던
그의 이름은 나무였지
뿌리박고 서 있을 때는
저 물결이 나무에다 호수를 키웠겠지
호수 속에서는 참붕어도 메기도
물길 따라 제 몸의 언어를 그려 넣었을거야
태풍이 몰아칠 때면
물결은 더더욱 거세졌을거야
흔들리는 물결무늬
그가 물을 퍼 올릴 때의 물길일 거야
잎 지고 눈 내리면
한 해를 마감하는 물길을 가두어 놓고
또 봄이 오면 저 얼룩무늬 물길로
힘찬 펌프질을 했겠지
목숨지고 화석으로 굳어지면서도
전생의 물길을 잊지 못하고
가슴에 꼭꼭 품어 안고 있는
너의 단단함이여

2부

기억의 힘

마당 한쪽 잔디를 파헤치는 노모의 손등에 푸른 힘줄이 맺혔다
– 아까운 땅에다 왼 풀을 심는댜
한나절을 씨름한 심호흡 끝에서 손바닥만 한 땅이 드러났다
오늘은 거기에 여린 더덕 모를 놓는다
그 작은 목숨의 푸른 줄기도 웬일인지 그녀의 등처럼 구부러져 있다
펼 수만 있다면 당신의 등 위에라도 무언가 심을 수 있다는 기색이다
지주대까지 받쳐 준 넝쿨손들의 길들은 얼마나 푸를 수 있을까
호미질의 기억은 아직 노구를 떠나지 않았는지
그녀의 시야에 들어오는 모든 세상은 아직도 농토일 뿐인지
구순의 노모가 기억을 되짚으며 오후를 일군다

저 손끝에서 성장해 나간 이름들이 내 몸 속에 뿌리를 내리고 있다
콩, 애호박, 아욱
저녁 식탁에 오른 된장국 속에서
섬유질처럼 질겼을 노파의 일생이 물컹, 익어가고 있다

우리 동네에는 해마다 오월이면 땅 속에 저장된 기억을 꺼내는 할머니가 산다
그녀가 숭배하는 종교는 텃밭이고, 주어는 기억이며 서술어는 호미이다

벽 속의 사막

개미들 열병식을 치르고 있다

눈을 비비고 봐야만 개미라고 인정할 수 있는 그것들,
지구의 저편에서 땅굴을 파고 세면대 위로
까맣게 걸어 나오고 있다
타일 벽 속에서 태어난 날부터
곡괭이질했을 땅굴의 입구는 턱없이 크다
그곳은 그들이 씹어 뱉어 놓은 모래가 마치 사막 같다

그들이 걸어온 사막의 거리는
개미의 산법으로 몇 만 리가 될까 생각해 본다
개미들은 세면대도 파고들 기세다 손자병법의
병서라도 익힌 듯 몇 분대로 나뉜
개미들,
질서정연하게 훈련된 대열은
우리는 사막으로 간다고 외친다

사막을 건너온 개미들에게
물 한 컵을 제공한다.
엎어지고 젖혀지면서 물줄기를 따라가는 듯하다
다시 물 밖으로 몸을 옮기는 그들
물은 그들의 허기를 채우지는 못했는가보다

>

마치 전생이 사막을 만드는 바람과 가뭄이었던 것처럼
단단한 벽을 사막으로 만드는 저 조그만 것들의 집념

새만금으로 가는 버스

하늘은 잔뜩 흐려있고 진눈깨비는 바다로 투신중이다
버스는 마치 몽유병자처럼 흔들린다
엉성한 사이키 조명과 고막을 찢을 것 같은 뽕짝 멜로디
버스는 여인들의 발끝을 따라
출렁이는 바다가 된다
발끝을 타고 오르는 파도의 고저에
여인들은 바닥을 신고 수상스키를 탄다
이제 폭풍이 몰아치기 시작하는 거친 바다
미지의 바다에 발을 들여놓은 그들에겐
폭풍조차 황홀하다
심해의 문어 떼처럼 촉수를 흔들며
발끝이 둥둥 떠다닌다
속도가 빠를수록 입에서 질러대는 환호성이 크다
그들에게는 불도저의 굉음 따위는 안중에도 없다
점점 너른 바다가 되어가는 버스
썩어가는 생태계도 아랑곳없다
이미 검게 변해가고 있는 바다 안쪽의 바다
헛배 부른 공약만 춤추는 땅에서
바다와 육지를 가르는 경계선에 닿아있는 바닷물이
무거운 침묵 속에 가라앉아있고
창밖 풍경은 아랑곳없이
마이크에선 이정현의 '다 바꿔'가 열창을 한다

>

아직은 펄펄 뛰고 있을
간재미나 꽂게 혹은 갯벌 속에서 거친 숨을 쉬고 있을 바지락도 잊은 채
버스는 느릿느릿 망각의 수면 위를 건너가고 있다

수면 무호흡증

컴컴한 대추나무 속에서
매미 입을 떼느라 숨차다
소리를 내기보다는 끌려들어가는 목젖
그의 숨이 금방이라도 멎을 듯하다
찌르륵 컥, 찌르륵 컥 두어 번 내뱉어본 호흡이
어둠을 멈추게 한다
어둠의 색깔로 시간을 측정해 보는 밤
아직 날이 새려면 호흡이 몇 번은 멈춰야 한다

어쩌면 소리를 내지 못하는 매미는
그 아이의 어미였는지도 모르겠다
배냇병신의 불구아들이 돌부리에 넘어져
흔들리던 다리마저도 정지상태일 때
그 어미는 숨 막히는 울음을 컥컥 뱉어내지도 못했었다
몇 날 울어도 시원한 소리 한번 내보지 못한 어미가
저기 나무 위에서 어둠으로 울고 있는지 모르겠다

어둠 속에서의 보름은 그에게도 충분하다
그가 호흡을 멈추었다가 내쉬는 순간을
울음이라고 할까 노래라고 할까
그 짧은 순간 허공에다 커다란 악보를 걸어놓고
소리를 읽고 있다고 할까

그가 코골이를 치료하는 보름 동안
매미는 한생의 울음을 그치고 어디로 날아갔을까

대추

시집온 지 여러 해 지났다
보름달의 정기를 수없이 들여마셨다
손바닥을 칠 때마다
달의 음기는 그녀의 몸 깊숙이 들어오고
그는 늘 넉넉한 웃음을 웃어주었다

올 풍년에 많은 자식을 얻은 그녀
빨갛게 불 오른 듯 농익은 대추나무
사방이 환하다

마침내
내년을 약속하는 매질에
소낙비처럼 뛰어내리는 대추들
천둥벌거숭이처럼 여기저기서
온 마당을 발갛게 물들이고 있다

우화羽化

거대한 강철 애벌레가 기어가면서 풍경을 먹는다
들녘의 곡식을 먹고 날아가는 새를 먹는다
그 애벌레 뱃속에서 잠을 잔다
어디로 갈까 방황하던 의식을 딱딱한 의자에 내 던지고
목적지만큼 깊은 눈을 감는다. 순간
나는 뽕잎 갉아먹는 누에
내가 걸어가는 푸른 길을 갉아 먹는다
발자국마다 가로 놓인 물기이거나 이물질 따위
하마터면 내 몸 전체를 관통할 것 같았던 가시 따위

엄청난 힘으로 밀려오는 바람 때문에
몇 번의 덜컹거림과 바퀴를 짓누르는 속력의 멍에가 덧씌워졌지만
그때마다 새롭게 허물을 벗으며
핸들 없는 레버를 굳게 잡고 조금씩 가속을 성장시킨다
터널을 통과한 경적소리에 눈을 뜬다
애벌레는 여전히 꿈꾸는지
삶의 황량한 벌판을 지나 꽃이 핀 언덕을 펼쳐 보인다
세상의 상처가 허물을 벗고 비로소 날개의 다발이 된 것들
저 꽃잎들도 쓴 뽕잎을 씹던 기억으로
흔들리지 않는 꿈 꾸었으리라
주름 같은 두통의 시간을 숨죽여 견뎠으리라

그래서 꽃잎은 허공에서 지상으로 날아서 오는 것이리라
갑자기 온갖 향기가 애벌레 발가락처럼
고물고물 콧속으로 기어와
고치를 뚫고 맘껏 날아가는 날갯소리로 가득하다
이제 나도 누에의 몸을 벗고 세상으로 날아갈 시간이다
별의 이정표를 따라 도착한 곳
충주역에서,

저녁의 흘레

산과 하늘이 손을 맞잡았다
그 소문은 천천히 강물 위로 내려 앉고
점점 깊숙이 하늘로 잠기는 산을 바라보며
얼굴 붉히는 수면
잠깐씩 몸을 뒤챌 때마다
체위가 바뀌는 착각에 든다
오르가즘이 가까워지는 시간이 되면서
헐떡이는 진폭의 사이는 좁아져간다
사정 끝난 빈 강물을 품고 사는 그녀
천지가 붉은 흥분에 온몸을 파르르 떠는 시간
얼굴이 점점 붉게 물든다
덩달아 물 안의 물고기들
그 모습 궁금해 물 밖을 살핀다
튀어 오른 수면에 둥근 파문이 일고
바람이 한 번 세차게 그들을 흔들어준다
한가롭게 수면에 차려놓은 식탁에서
저녁식사를 하던
한 무리의 새가 놀라 물 밖으로 튀어 오른다

사흘

어제 죽은 여자와 그저께 살은 여자이야길 한다
오늘 그녀의 과거가 낱낱이 밝혀진다
얼굴은 한껏 슬픈 표정을 짓고
목소리는 날아다니는 살아 있는 여자들
그녀의 남편은 산 마누라가 시키던 대로 잘하고 산대
세 여자의 가슴에 낯선 바람이 지나간다

먹어도 먹어도 국수가닥은 줄지 않고
줄어드는 낱말들이 빗물 속으로 끌려들어간다
가슴에 자장면 소스만큼이나 검은
사흘을 끌어안는다
그 사흘 전의 웃음과 꽃은 같은 색깔이었다

어쩌면 그녀는 빗물과 조우를 약속했는지 모르겠다
태풍 차바가 전국을 강타하는 날
도심을 치고 들어오는 파도와
붉은 흙탕물이
그 여자의 가슴을 도려내는 듯
붉게 울고 있다

바람의 뿌리들

두꺼운 벽이 서서히 무너지고 있었습니다
웅크린 채 기다렸던 것들이 제 몸을 깨고 있었습니다

벽을 조금씩 갉아먹으면서
그들은 심장소리를 키웠지요
3월은 갓 부화한 병아리의 주둥이 같았습니다
그 여린 몸으로 뱉어내는 호흡들이
벽을 무너뜨린 것입니다

가벼운 호미질에 딸려 나오는 바람의 뿌리는
뽀얀 몸들을 갖고 있습니다
뿌리들은 소란하지도 않았고
아직 이른 문장 하나 품었습니다
그 문장이 파랗게 피어나기를 기다려봅니다

그때 비로소 내 안의 벽들도 무너질 것입니다

드라이플라워

밤이 되자 노모가 또 다시 꽃을 피운다
젊은 시절 촉촉하게 고여 들던 샘 하나 온밤을 뒤척이고
가려움증들이 이주해 온 앙상한 살갗을 밤새 긁적인다
밤이면 얼마 남지 않은 호흡을 빠져나와
몸 곳곳마다 각질이 되어 피어나는 무수한 저 꽃들

이제는 기억조차 말라버린 어느 저녁
논둑에서 건네주던 검정 교복의 연애편지도
군사우편에 묻어오던 설레는 그리움도, 그리고 밤이면
개울 건너 방앗간 근처에서
망초꽃처럼 어슴푸레 흔들리던 단발머리 소녀도 사라지고
일생동안 저수지처럼 출렁이던 샘 하나, 각질로 피고 있다

헤식은 기억을 꺼내 듯 쭈글쭈글한 등가죽을 긁적일 때마다
손가락이 긁고 지나간 자리엔 세상에 없는 천상의 꽃이 돋아난다
말라간다는 것은, 생의 바깥으로 나앉는 것
오래전 흑백앨범 속으로 저장된 촉촉하고 청순했던 유분기도
지난날의 향기롭고 푸르렀던 핑크빛 부끄러움도 송두리째 내려놓는 것

>

잠 든 서랍을 깨워 로션을 꺼내들고 마른 꽃을 더듬는 밤
칠흑 같은 어둠자락을 걷어 올리고
마디 굵은 세월 저 끝 어느 쯤에다 미량의 물기를 덧바르는 밤
앙상하게 굽은 등 그 쓸쓸한 안쪽, 머지않아 내가 조우할 마른 길들이
이 밤, 내 불면의 모서리로 각질처럼 우수수 떨어진다
밤이 되자 노모가 또 다시 꽃을 피운다

서리 거듬

담장 위의 호박가족들,
때 아닌 기습한파에
간밤 술주정 당한 어머니의 얼굴로 주저앉아 있다
얼룩얼룩 멍든 얼굴들이
초록은 동색으로 닮아있다
볕을 가려주던 양산 같은 잎사귀들조차
고개가 꺾여, 철 지난 해수욕장을 닮았다
그나마 간밤의 난리통을 견딘
팔뚝만한 애호박들
다가오는 가을의 서리를 피해 서둘러 거듬을 한다
뚝, 하는 소리 들릴 적마다
탯줄에서 눈물 몇 방울 흘러나온다
그렇게 이별의식도 방식도 너무 간단했다
호박잎처럼 착한 것들은
저 먼저 생을 마감한다
농사일을 시작하면서 알게 된
아픈 경험의 산물이다

주방 바닥에 그들을 가지런히 눕혔다
몇 밤쯤은 훈훈하게 지내다 가길

뒷날 아침의 텃밭 가는 길 위에서 첫 서리를 만났다.

먹는다는 것은

길 고양이 한 마리
달아날 생각 없이 물끄러미 서있다
등짝에 들러붙은 뱃가죽
활처럼 휜 척추 마디의 갈비뼈엔 각이 맺혔다
허기를 버티는 앙상한 눈동자

산다는 일의 대부분이
배고픔 쪽에 매달려 전전긍긍했던 시절이 있었다
하루 두 끼를 죽으로 연명하던 때
뼈골을 드러낸 팔뚝에 푸르게 솟던 심줄의 날들이
떠올릴 적마다 기억에 선명하다

주린 고양이에게 남은 밥 한술을 내주기로 하였다
비실비실한 걸음으로 밥그릇 곁에 다가온다
새끼줄에 꿴 연탄 한 장과 봉지쌀을 품에 안고
집으로 가던 내 발걸음도 저랬을까
먹는다는 일 앞에서 무장해제를 한 고양이
주위를 흘금거렸다가 이내 고개를 처 박는다

사람들도 국물 한 술을 제 안에 밀어 넣을 때
앉은키보다 더 밑으로 입을 내려야 한다
먹는다는 일은, 세상의 가장 낮은 일 같기도 하다는.

아버지의 주전자

부옇게 먼동이 트면
눈곱을 매단 채로 흐린 길을 살피며
딸년은 주막을 향해 나서곤 했다
여남은 살짜리 계집애는
꾹 눌러 달래요
머루 알 같아진 눈알을 그제야 또록거렸다
걸음을 따라 질금질금 새어 나오던 주전자 꼭지로
자주 입술이 닿았다

걸음이 비틀거리던 날도 있었다
어미는
하얗게 눈을 흘겼다
어떤 날은
양양해진 딸년의 종아리에 피멍이 맺혔다
이태백을 논하다가
시국에 삿대질을 하기도 하던 아비는
도라지 타령으로 마감을 했다
그새 아리랑 고개를 수없이 넘고는 했다

찌그러진 주전자가 된 장기臟器에서도
도라지꽃이 멍처럼 피어올랐다
물관을 통해서 퍼지는 하얀 액체

소녀가 된 이후부터
흰것은 오관을 달래주는 환상이었다
주전자는 그렇게 아리랑 고개를 넘어 갔다

식구들은 더 이상 주전자의 귀환을 기다리지 않게 되었다.

뼈의 집

갈치를 굽다가 부서진 살점을
생각 없이 주워 삼킨 순간
가시가 목에 걸렸다
종일 캑캑 거려도 큰 술로 밥을 넘겨도
도대체 넘어 갈 생각을 안 한다
며칠을 참다가 병원을 찾았다
의사는
이마에 둥근 햇살을 걸고
입 속을 한참 수색하더니
붉은 피고름에 싸인
가시 하나 집어내었다 그는
이미 내 몸에 집 한 채 짓고 있는 중이었다
육신의 밖으로 내쳐졌을 때
그에게도 집이 필요했을지

말할 수 없이 곤궁할 때가 있었다
월세 방에서 밀려나
창밖으로 떠밀릴 때처럼
저 가시도 몹시 추웠나보다

애써 마련한 제 집에서 붉은 벽돌 한 장처럼 뽑혀
삼십여 년 전의 내가 추위에 떨며 딸려나온다.

새

허공을 딛고 사는 새도 허공이다
눈에 보이지 않는 길을 찾아 나선 순간
텅 하는 비음과 함께 추락한다

시작과 끝은 한순간이다
날기를 멈추자 그의 의지가
한곳으로 결속한다
두 발을 나란히 앞으로 뻗은 채
이미 몸은 단단하게 뭉쳐 있다
살아온 온기가 아직 붉다

유리걸식하는 걸인들의 하루는
유리창 안에서 보면 알 수 없다
눈 덮인 산야를 날아온 새의 눈에는
유리창은 허공처럼 텅 비어 보인다

언제까지 열린 세상을 날았을까

금방이라도 퍼덕거릴 것 같은 날개
시간이 지나도 기억을 찾지 못한다

착지를 꿈꾸던 가녀린 발끝에

생을 마감하던 순간의 떨림에
까만 흔적이 남아 있다

치어들을 위하여

버스 문이 열리자
우르르 쏟아지는 어린 치어들,
야외수영장엔
시간이 지날수록 치어들의 행렬이 늘어난다
덜 자란 이파리 같은 손을 흔들며
방류되는 순간부터 그들에게는 또 다른 부레가 생성된다
꼼지락거리며 돋아나는 지느러미
겨드랑이에 걸려 미처 빠져나오지 못한 지느러미도 있다
꼬물거리면서 물살에 발을 들이 밀어 보는 그들에게
수영장은 그대로 어린 바다가 되어 준다
물길과 물길이 부딪치며 내는 물의 소리들
물결이 한 번씩 치오를 때마다
따라서 자라나는 치어들의 성장통

저 한 떼의 은빛 속에서
소란의 한 떼가 세상 속으로 헤엄치며 떠난다.

길

기차는 서서히 역구내로 진입하고 있었다
길 위의 시간이 지워지고 있는 중이다
떠나는 기차에 올라타는 순간 기억 속에 움츠리고 있던 것들은
지나온 철길마냥 멀어져 버렸을지 모른다고 생각했다
달려들 듯 다가오던 논둑길
교회의 종탑
사라지는 것들은 아마 그렇게 어디 쯤에서 잊혀 지기 위해
태어난 것들인지 모른다

떼어 놓을 때마다
숨찬 한숨을 토해내던 발걸음의 분주도
모래처럼 입속에서 뒹굴던 일상의 까슬거림도
휙휙 기억 속에서 빠져 나간다
기차라는 이름에서는 특유의 무엇이 있다
도시외곽의 아파트 숲
사람들은 저 안에서 화분들을 기른다
꽃이 질 때
허공에서 살다 내려온 누군가는
지상에 발을 대고 걸어가는 기차를 꿈꾸기도 했으리
내 허기진 하루의 아침도 그런 날이었는지 모르겠다
실파람 같은 끈에 의지하며

뜨거운 불똥 튀기고 달려왔던
삶의 길에서 흘렸던 진땀,
바퀴의 마찰이 빚는 열기에 레일 위로 한 바탕 불꽃들이 증발된다

환승을 유도하는 조치원역의 방송 소리와 함께
또 다른 길의 기차가 들어오며 떠나고 있다.

선풍기

허공을 걷는 선풍기의 절름거리는 걸음 소리, 지나간 세월 속에 두 개의 날개를 잃어버린 불구의 시간 속을 웅얼거리고 있다. 마른 옥수수 알을 따내는 노모의 굽은 등을 향해 신통치 않은 바람을 일으키는 그에게서도 노구의 기척이 완연하다. 손가락 마디마다 옹이 진 혹을 달고도 낱알을 따내는 관절마디에서는 삐걱이는 소리가 자꾸 들린다 어린 손자가 곁에 와서 두 가지의 소리를 함께 듣는다 순식간에 표정이 다감해지는 노모, 굳어진 목이 한 방향만 바라보고 있었던 것 같은 순간을 풀어 어린 것의 자리 쪽으로 늙은 바람결을 나누어 준다.

꽃을 지우던 날

언제부턴가 왼쪽 뺨에
꽃자리가 생겨났다
연한 핑크빛깔로 시작되던 꽃 몽우리
마침내 만개할 날이 가까워졌는지
흔적 같은 몽우리가 손끝에 만져진다
까칠한 껍질이 꽃 이파리의 흉내를 냈다
주사기를 닮은 의사의 펀치 끝이
드디어 꽃 망우리를 터트리는 날,
무표정한 담당의는 암일 수도 있고
검버섯일 수도 있다고 덤덤하게 일러 준다
하필이면 암癌 꽃일 수도 있단다
다달이 피던 몸 꽃마저 메마른 텃밭에서
피던 일을 멈추었던 그때부터
한 번쯤은 그렇게 꽃이 피었으면 싶었다
그냥 꽃이라는 말이 좋았다
뺨에서라도 꽃이 피려고 할 때만 해도
젊음이 돌아왔다고 자위하기도 해보았다
차가운 손끝에서 죽어간 꽃잎,
솜뭉치에 묻어 나왔던 그것은
이미 검붉은 색으로 바스라져 있었다
꽃 대신 반창고를 붙이고 돌아서는
꽃을 지운 여자

마음을 졸이며 기다려 주던 남편에게
이제는 꽃 대신 눈웃음을 주었다.

3부

세월을 담는다

시어머니와 고추장을 담는다
메주를 빻아 고춧가루를 넣고
둘이서 함께 주걱으로 젓는다
행여 풀리지 않는 덩어리가 있을까
서로의 마음이 곡진하다 그 사이
맹물 같았던 찹쌀식혜가 바알간 엿물로
거듭나면서 진한 맛을 내기 시작한다

내 나이 아직 이른 스물일곱 적에
쉰 줄의 청상이던 당신을 처음 만나
몹시도 헛돌았던 사십 년의 세월
한초의 매운 맛 배인
주걱을 피해서 비껴나곤 했던 내가
아직도 덜 풀린 고추가루 덩어리 속에
숨어있는 듯싶다.
저으며 저으며, 다시 젓는 동안

한 몸으로 스미기도 하였을 고부간
어느덧 고추장에도 제 맛이 들기 시작하였다
따끈한 햇살에 달큰하게 익을 때를 기다리며
빈 항아리 가득 정성스럽게 눌러 담아 본다

바퀴의 기억

놈을 향해 파리채가 일격을 가했다
정지된 몸에서 터져나온 한 방울 체액의 순간에도
놀라움에 떠는 다리에 남아 있는 충격이
손끝으로 전해져 온다
지금이라도 금새 일어나 튀어 달아날 것처럼
엉덩이 쪽을 바스락거리는 안간힘을 내려 보다가
호루라기소리에 놀라 좌판을 들고 뛰다가 엎어진
너를 본다
과즙을 눈물처럼 흘리며 파랗게 떨던 과일들
앞으로 모은 손을 마치 더듬이처럼 비벼주기도 했던,

영 멈추어 버린 바퀴의 몸 위에
자잘한 다족多足처럼 떨려오던
큽큽한 습지와 어두웠던 지하의 시절.

나는 햇살과 숨바꼭질을 하는 중이다

설거지하는데 치마꼬리를 잡는 아이는
두 손을 눈 위에 얹고 손바닥 안으로 사라진다
순간 적막이 녹아든다

어디 있나 찾는 소리에
까르르, 아이는 손가락 밖으로 나온다
손바닥 안에서 무엇을 보고 왔을까
손바닥의 안팎은 가늠할 수 없는 거리다

모래밭의 햇살 속에서
아이들이 피라미들과 유영을 하고 있었다
마치 백조의 꿈을 꾸는 발레리나의 다리같은
햇살과 종아리를 만져보고 싶은 갈망에 떨게 했다

햇살을 만지러 점점 더 깊은 곳으로 달려갔다
순간 나는 집에서 너무 멀리 왔다는 공포감이
일렁이는 얇은 물살처럼 천근 벽으로 막아서고 있었다

숨이 막혔다
입으로 코로 공포가 마구 들어왔다
엄마의 찾는 소리가 손바닥 밖에서 들려왔다

>

와아 들려오는 함성이 퉁퉁 부은 손가락 사이로 들렸다
깜짝 놀란 눈에 들어오는 햇살은 여전히 눈이 부셨다.
키 큰 오빠가
내 머리채를 움켜쥐고 나를 햇살 밖으로 끌고 나왔다

두께를 알 수 없는 맑은 물과 햇살 속에서
나는 여전히 숨바꼭질하는 중이다

전생

그 뱀의 껍질은 어린 날 내 때때옷의 문양을 닮았습니다

뒤울안에서의 갑작스런 비명은 돌팔매질이었습니다
뱀의 입에서 뛰어오르는 개구리도 순간 지나갔습니다
나는 그들의 행방을 궁금해 할 시간도 없었습니다

할머니는 미물이라도 먹을 때는 건드리지 말아야 한다고 했습니다
그후로 나는 자주 뱀에 쫓기는 꿈을 꾸었습니다

가끔은 부엌바닥에 나타나는 아주 작은 꽃뱀을 보면서
혹시 그 뱀의 새끼가 아닐까 쫓아내지도 못했습니다

꿈에 작은 뱀이 내 엄지발가락을 깨물었습니다
왜 하필이면 태몽으로 뱀을 품고 나왔을까 아버지의 전생을 의심했습니다

뒤울안의 풀을 뽑아낼 때마다 한 번씩은 보던 뱀이
집을 새로 짓고부터 보이지 않았습니다
내가 그의 집을 부수어버린 것은 아닐까 하고,
걱정에 드는 것을 보면
어쩌면 나의 전생도 뱀이었을까 생각이 듭니다

그들은 어리다

그들은 해맑다 못해 푸르다
시계의 바늘을 거꾸로 돌려놓으면
오늘을 어제로 살 수 있다

뾰쪽구두를 신어야 키가 큰다고 생각한다

십원짜리 눈깔사탕에 혀끝은 안으로 타들어가고
며느리가 반들거리게 닦아준 신발을
바닥이 닳아서 반들하다고 착각한다

늙어도 늙지않는 겉이 푸른 호박처럼
눈이 먼저 찾아주는 그런 사람들
울음섞인 목소리로
잃어가는 시간을 찾겠다고 화투를 그리고
가슴속에 수많은 아이가 들어앉아
점점 투정을 앓는다

어느 시인의 사부가처럼
가슴에 늘 매화꽃을 피우는
그들은 어리다

* 홍해리 시인의 치매행에서 빌려옴.

전선수리공
— 아멘

그들은 하늘로 난 창을 향해
긴 장대를 든 채 국자를 타고 오르곤 했어

그들을 담아서 오르고 있는 그들의 집도
하늘로 창을 내고 있었지
나는 공중에 대고 긴급하게 타전을 올려 보냈어

목이 타들어 가고 내가 할 수 있는 일은
아물어지지 않는 항문이 쏟아내는 분비물 처리뿐,

내 아이들이 누워있는 집에서
서까래 하나둘씩 땅으로 떨어지기 시작했어

내 몸에서 뽑아 낸 아이들의 이불이
벚꽃 같이 흩날렸어
그들이 들고 있는 것을 장대라 불렀어

내 아이들은 그렇게 공중에서 장렬히 산화하고
그날 저녁 그토록 애타게 불러보는 하늘은
전선줄로 가득 차 있었어

벽화

그때부터
눌려 있던 새들이 비상을 시작하였지
비질하는 풀솔 끝을 따라 스며든 햇살이
새들을 한 마리씩 꺼내서 날렸지

고생대 때부터
새들의 지저귐으로 동굴 속은 들썩 거렸어
온통 어둠 속은 눌려있던 새들의 깃털로
가득 채워져 있었지
햇살에 물든 새들은
아주 강력한 날갯짓으로 빛을 내기 시작했지
원무를 돌더니 금방 오리온성좌가 되었지
유성의 꼬리가 긴 날개처럼
별들을 받쳐주고 있었어
별꽃이 핀 듯했어

깊은 지층에서 울려 오는 소리가 그려진 벽에서
지금도 새들은 날아가고 있지

초복

늙은 개 한 마리 부위별로 볶는다
계절 몇 개도 구겨넣고, 달리던 언덕의 바람을 넣어봐도
감칠맛이 없다

꼬리뼈에서 길이 타는 냄새가 지독하다
향수에 흔들어 씻어볼까
꼬리 흔들던 습관처럼 슥슥 닦고 훔쳐낸다
가스레인지 위 오래전 비명이 보글보글 넘쳐난다
가슴뼈는 두드려 다져 넣는다
멀쩡한 뼈 조각 하나가 거리로 튕겨 나간다
제 살 조리는 어려워 국자 휘 저을 때 피가 엉킨다
담장이 높아 오를 수 없는 발자국 소리가 난다
칼도마를 두드리며 가슴을 꾸겨 넣는다

툭, 불거진 공상 한 도막을 잘라 넣는다
창문 밖의 세상은 아직은 붉은 빛이다

내 닳아진 발톱의 상처에선 피가 흐른다
도시의 한복판에서 나도 저리 끓고 있다
뜨거운 냄비 속 개 짖는 소리가 난다

옹도*

태초의 탈을 벗는 순간
너를 덮고 있던 항아리의 모습은 드러났다
너를 수수만년 구웠을 가마에는
항로표지원 하나 덩그러니 있었다
등대 불빛 하나 올려놓고
백육 년이나 그토록 감추려했던,
너울성 파도가 앞을 가려도
때 아닌 폭설이 막아도
그동안 꽁꽁 싸맸던 가슴을 풀어헤쳤다

그 누가 오랜 세월 하늘을 구웠을까
옹기장이를 찾아가는 뱃길에
갈매기는 또다른 갈매기를 만난다
이백 이십 육 개의 계단을 딛고 올라 선 그곳에서
겨우 만난 너는
놀라서 혼절한 동백처럼 핏빛각혈을 하고 있었다

파도는 아직도 너를 다 내주지 않겠다고
흰 이빨을 드러내었다

* 옹도 : 충남 태안군 근흥면 신진도리에 있는 충남 유일의 유인등대가 있는 섬, 섬 모양이 항아리를 뉘어놓은 모습을 닮았다고 지어진 이름.

귀가 밝다

멀리서 들려오는 발자국 소리에
귀가 다섯 치 여섯 푼으로 늘어난다
가쁜 숨소리가 덤불링 하는 아이 같다
아무리 눈을 마주치려해도
까닭없이 오금이 저린다
차마 그 앞을 지나 갈 수가 없다
손을 둘러메어 본다
발을 굴러본다
그러나 그의 귀는 먼 소리까지 듣는다
그의 방은 바람 한 점 들어갈 곳이 없다
내 돌팔매질의 흉터만 한 구석에 놓여있다
뽀얗게 닦아놓은 고무신을 물고 가는 그를 향해 던진 조약돌,
순간 긴 비명과 함께 땅바닥에 나뒹그러진 그림자
그는 그림자를 오래도록 간직하고 있었다

그는 오늘도 나의 발자국소리를 듣는다
내가 던진 돌멩이 날아가는 소리도 듣고 있다

가벼워지는 것들에 대하여

세상의 날것들이 모두 달을 쪼아 먹고 있다

만삭을 향해 가는 달은 자꾸 한쪽이 가벼워진다
바다에서도 산에서도 달을 빨아들이는 소리 요란하다

동공에 가득 달빛을 채운
바다 속의 게조차 제 살을 떼어 달의 신에게 바친다
가벼워진 다리로 가뿐하게 제 짝의 등을 탄다

빨아들인 달빛이 산속을 비출 때면
새들은 제 길이 가벼워지는 것을 안다

달빛보다 빠른 그들의 발로
달의 그림자 사이로 제 몸을 숨긴다
달이 낮아지면 이곳저곳에서
아기들을 출산하는 소리가 들릴 것이다
발 빠른 산파들은 가벼워질대로 가벼워진 바람이다

마을 입구 입이 무거운 솟대 위의
달은 높아질수록 가볍다

검은 장미꽃

어머니 무릎을 꿰매고 계신다
한 뜸마다 꽃들의 하루가 펼쳐진다
무릎을 감싸 안은 낡은 보자기도
컹컹 아버지의 해소 기침 소리도
달달달 함께 박으며 넘어 간다

어머니가 밤새 피워 낸 장미꽃
그의 비밀은 하루치의 어둠이다
그녀는 밤마다 창가의 이슬로
장미를 피우곤 하였다

어머니의 나이가 되어서야
그녀가 피워낸 장미꽃의 비밀을 알게 되었다

가끔 꿈속을 찾아오는 내 유년의 기억
이제 내가 피워낸 장미꽃 한 다발
햇살로 포장하여 어머니에게 전하고 싶다

국화

누가 나를 초병이라고 불렀을까

한 번 가면 다시 돌아올 수 없는 곳으로 파병된 나는
이미 시들어가는 웃음을 억지로 팔고 있었어
그 자리가 천형의 자리였다는 것을 알았으면
내 어머니는 서푼 돈에 나를 팔았을까

나는 순장품이었어

애완견처럼 꼬리도 흔들지 못하고
내 발길은 이중삼중으로 해면체에 잡혀서
저물녘까지 집총을 하고 있었지

서로가 서로의 순장품이기를 거부한 때문이야

어머니는 날카로운 가위로
나의 자존심을 잘라내기도 했지
그럴 때면 내 호흡은 들숨에서 멎기도 했어
나는 손 귀한 집의 아들을 업어주기 위해서
아기보기로 태어난 천덕꾸러기였어
내 등은 어머니의 아들을 업은 자국으로
늘 구겨져 있었지

>

뜨거운 불길 속에 들어서야 내가 깨달은 것은
아! 나는
죽음의 순장품이었다는 거야

모자母子

오랜 풍랑과 해일 속에서도
뻘을 기어 다녔던 조개
손끝으로 똑딱이며 자른 배추 줄거리
오물오물 잘도 넘어간다

담배의 포화 속에서
좁혀진 목구멍으로 마치
젖먹이의 탐욕스러운 목 넘김 소리를 내는 굴뚝
마주 보고 식탁에서 생의 변주곡을 울린다
조개속의 방주와 젖먹이의 목 넘김 소리가 어우러진 협연
제목은 아베마리아다

조용한 선율 속에서
마치 동굴을 뚫고 나오는 듯 무거운 첼로의 음절이
그렁그렁 굴뚝을 울리고
음절과 음절 사이로 방주가 기타의 선율을 낸다

두런거림도 없고 망설임도 없는
쇠리쇠리한 노모와 늙은 아들의
생의 변주곡은 어김없이 그 시간이 되면 울리고
노모는 늙은 아들에게 겉절이 한 점 올려준다
천년도 더 지났을 풋것들의 기억이 스물거리며

수줍게 자취를 들어내다 사라진다
꼬리가 길다

밥심

손자들에게 먹여주던 밥은
그녀의 오장이었다

그녀의 오장은 크나큰 밥그릇
때로는 쉬지근하기도 했고
고두밥처럼 살아 곤두서기도 했다
서러울 때에는 밥그릇에다 물을 그득히 채우기도 했다
그녀의 밥그릇을 바라다보는
머루알 같은 눈동자 앞에서
오장은 헉헉 숨을 몰아쉬기도 했다

쌀 한 톨의 무게는 그녀의 삶이고 지혜였다
손에서 놓지 못하던 호미자루같이 굽어진 몸에서 내는 향기였다

이제 닳고 닳아 쭈그러진 밥그릇에는
좀체 펴지지 않고 덜그렁거리는 쇠 소리만 낭자하다
"뭐니 뭐니 해도 밥심이 최고여"
노모는 꿈속에서도 고봉밥을 담는다

가시

발치에는 포획된 지 오래 된 물고기들이
배때기 훌렁 까고 누웠다
바다에서 종횡무진할 때는
푸르기만 하더니
어느덧 갈변하면서
드러난 가시들
습기 잃은 시간들이 발밑에서 마른 소리를 낸다
바다를 헤엄쳐 다닐 때는
제 몸의 중심이던 저 가시들이
어떤 계절의 사역을 증거하듯 널부러져있다
준치는 죽어도 준치라고
저 가시들이 가리키고 있는 하늘이 희다

텃밭 밤나무가
가시를 고르고 있는 중이다

들깨를 털며

그 계절을 겪으며 들깨는 제 몸을 줄여갔다
넘어질 듯 바튼 산비탈의 푸른 지폐들은
철봉대에 매달리던 늙은 남자의 얼굴이다
끈질기게 잡고 있는 손끝들은 바삭바삭 말라가고,

그러나
바람은 어김없이 계절을 계절 밖으로 밀고 갔다
피 토하듯 허기진 이파리들을 떨쳐냈다
떨구어나간 만큼 속내는 보석을 원했다

도리깨가 허공을 한바퀴 후려칠 때마다 하늘에서 뛰쳐나
오는 들깨들
솨솨
그 소리 또 한 번 허공을 휘청 흔들고
계절 뒤에서 응원가가 시끄럽다
푸른 멍석의 벽을 뛰쳐나갈 요량이다
어머니의 어머니가 그랬던 것처럼
맨발로
살살 달래며 들깨 짚을 들어낸다
꼬투리 속에서 잘 익은 보석들이
환하게 웃고 있다

벌초

소나무 가지가 하늘 한쪽을 붙들고 있는 동안
바람의 기척 속으로 길 하나가 보인다
먼저 준비해간 술을 따라 문안인사 올린 후
그 길 위에 자란 잡초를 쓰다듬어본다
깊은 밤이면 마을로 내려갔다
이른 새벽이 되어서야 서둘러 오셨을까
풀길이 촉촉하고 따뜻하다
무딘 낫날을 들이대니
개망초 뿌리채 뽑혀 나온다
깊은 밤이 서성였을까
바람 불 때마다 귀 기울였을
발자국들을 갈퀴로 긁어낸다
잘려나간 풀 더미에서
낯선 소리들이 들린다
밤마다 애절하게 불렀을
노들강변의 전주곡이 저러했을까
휜해진 길을 어루만지며
노들강변 한 소절 올려드린다

4부

환절기

비 한 자락마다 시간이 깎인다
오후는 오후를 건너는 강한 빗줄기에 몸이 아프다
구름은 고속도로망처럼 흩어지고 있다
불꽃이 제 안을 환한 바깥처럼 터뜨려진 적이 있던가
망설이는 빗줄기들이 바람에 엎혀 이리저리 흔들린다

비 그친 사방은
싸늘한 맑음이 들어앉는다
유리창의 온도가 큰 폭으로 떨어진다
수거되지 않은 옥수수밭 마른 잎사귀들이
버석버석 계절을 굴리고 있다

다 사그러진 저를 떠나보내는 보내는 의식
지층 속에서 풀무질 해대던 따신 바람을 보낼 때마다
한 겹씩 늘어나는 주름 살,
굽어진 등허리에서 벌써 하루하루를 싸안는지
노인, 얼굴에 오소소 소름 돋는다

달항아리

어머니는 늘 만월을 생각하고 있었다
내 속의 것들 모두 덜어내고
둥근 웃음을 끌어안고 있던 당신,
계수나무 한 나무가 아니더라도
어머니는 자주 절구대 들고 있는 꿈을 꾸었다
빈 항아리를 긁다 기어이 보리풋바심을 하면
마음이라도 만월이려고 애썼다

눅눅한 광 구석에서 허연 곰팡이를 끼고 있으면서도
바가지 긁는 소리를 내지 않았다
오뉴월 폭양 속에서
짭짜름한 간장을 졸이면서도 늘 마음은 만월이었다
어쩌다 행상에서 돌아온 곡식자루가 묵직한 날
어머니는 자식들의 배를 바라보면서 눈 꼬리를 적셨다

나이 들어 만월의 그집 찾아가니
밥 먹었니, 배는 부르니 하고 눈짓으로 묻는 항아리
곰 삭아 허물어진 장독대에서 빈집을 지키고 있다
젖꼭지 물던 그때처럼 당신의 배를 슬슬 문지르니
간지러움에 어머니 한 번 몸을 추스르신다

모르스부호

그는 지팡이로 세상의 소리를 만진다
길의 높낮이를 재기도 하고
똑 똑 똑
제 생을 재생시키기도 한다
"본정통* 가는 길이 어딥니까"
그가 지팡이를 두드려 길을 묻는다
헐거워진 소리가 그의 손을 잡는다
가끔은 누구와도 타협할 수 없는
공포를 두드리기도 한다
지팡이를 통해서 모르스부호라도 수신 중일까
쉬지 않고 깜빡이는 눈까풀,
무언가를 두드려 가는 길목에서
건널목 벽돌 한 짝의 높이를 넘지 못한 때도 있다
그는 모르스 부호로 다른 세상을
건널 수 없을 때
낮은 신음소리를 뚜드락, 뚜드락 내질러 본다
그는 화려한 본정통에서 무엇을 보려 했을까

서로 바라보는 길이 다르다고 모르스 부호를
듣지 못하는 나도 눈 뜨고 건너지 못한 세상이 있다

* 청주의 가장 번화한 거리.

천상 음악회

벌레의 흔적이 없는 푸른 유두를 매단 채
사방에 대고
먹어먹어,
바람의 전언을 들은 참새 떼들
아침저녁으로 배 불리는 소리 소란하다
그럴 때마다
바람이 한 번 씩 찾아와
머리 쓰다듬어주니
반짝반짝 뒤집히는 이파리들,

벌레에게 먹히고
바람에게 젖을 물린 대추나무
더 이상 내어줄 것 없는 성자가 된다
성화 속에서
아버지에게 젖을 물린 딸의 얼굴이 저러했을까

푸드득 이 가지 저 가지에서
새들의 노래가 날아간다
푸른 음악회는 매일 만석 공연이다
박새, 참새, 모든 텃새들은
늦잠 자고 일어 난 개밥바라기별에게도
푸른 유두를 물려준다

>

천상공연에 초대받은 내 귀는
매일 닷 푼씩 자라고 있다

질량 계산법

냄비를 가스렌지에 얹어 놓은 두 시간
물의 입자들은 제 생각의 가장자리에서
하얀 눈물 꽃을 피워낸다
몸을 뒤집고 뒤집다 억지로 압축된 물의 입자들
서로가 서로에게 상처로 묶인 것이다

날카롭다
칼날처럼 몸을 곧추세운 그들에게만
들리는 아우성
막 떨어진 꽃잎으로 달래주면
스르르 제 몸에 잠겨든다

살면서 나도 몇 번의 꽃을 피웠을 테고
누구도 달래주지 않아
손가락 끝에 달아놓은 압화도 있다
냄비 속의 꽃잎과 손가락 끝에 피어 있는 상처의 질량은
저녁의 그늘로는 나누어지지 않는다

어떤 죽음

늦가을 들판에 도열해 있는 주검들
한때 푸른 금이기도 했던 저들이
눈가가 말갛도록 눈물 토해내고 있다
엷은 습자지 같은 햇살이 그들의 몸을 데운다

껍데기 속 몸들이 기지개 펴는 소리 들린다
서리 내리는 새벽에 온몸 끌어안고 몸서리쳤을 껍데기들
그렇지 그렇지 하는 소리에 온 들이 소란하다
그들의 모태는 원래 한 몸이었다
끈적이는 본성이 햇살 한 모금 끌어다
제 몸의 뼈대를 녹인다

뉴스의 한 면을 차지했던
어느 모녀의 죽음도 저들 같았을까
젖먹이를 가슴에 끌어안고
엄마는 마지막까지 마른 젖을 물리고 있었을까

맹삼숙 씨

그녀의 줄넘기는 낮은 바닥에서 시작했습니다
뛰면서 바닥 두드리는 소리 늘 가슴이 조여왔습니다

통곡 소리가 청상의 줄에 걸리고 홍역에 큰아들이, 열병에 딸이 걸려 넘어져 그녀가 뛰어오르던 바닥이 홀렁 뒤집혀졌지요 하루하루가 파랑주의보에 걸리고 그녀의 눈물로도 뛰어 넘을 수 없었습니다

물기 없는 오이지 같은 막내아들은 어머니와 다른 줄넘기를 가졌습니다
줄의 양쪽을 잡아줄 식구가 없어 혼자 뛰기로 한 것입니다 이제 그녀의 줄도 허옇게 솜털이 피기 시작했습니다

굳게 닫힌 문 저쪽에서 그녀는 혼자 줄을 넘기 시작했지요 아들도 어미를 따라 줄을 넘었습니다 바닥을 치는 소리 마치 파도소리 같았습니다
거센 물결은 이랑이랑 그녀의 손바닥에 지문을 찍어냈습니다

닳은 지문을 바라보며 그녀는 언젠가 또 남은 힘으로 솜털 핀 줄을 잡고 아들과 함께 줄넘기를 하겠지요 오늘도 그녀의 마음속에서 또닥또닥 줄 넘어 가는 소리 들립니다

유채꽃

그곳으로 가는 길은 적막했다
잡목 사이로 보이는 흰 페인트칠한 철조망의
기다림이 그랬다
그 길 밖으로 그림자 없는 바람이 몰려다녔다

앙상한 햇볕이 서걱거리는 들꽃 양로원
어떤 죽음은 들꽃처럼 피었다가 사라진다는 것인가
엄마는 어떤 꽃이었을까
돌아가던 길 한쪽으로 기울어진 팻말 같은
엄마가 가야 할 곳은 들꽃 양로원이었다
오른쪽에서 왼쪽을 관통한
골다공증 걸린 엄마는 바람의 통로였다
빈 길에 서 있는 바람의 팻말을 누구도 밀지 못했다
하얀 홑이불처럼 쉰 마음들이 흔들리고 있었다

길가 유채꽃밭에서 젊은 엄마가 피워냈던 노란 꽃향이
지천으로 날리던 봄날이었다

모든 소리는 직선으로 온다

모든 소리들의 통로는 직선이다
길고 짧은 매미의 울음소리도
흐린 날에 들려오는 풀벌레의 소리도 반듯하다
그들이 내 귓가까지 바르게 오는 것은
허공에 직선의 길을 냈기 때문이다
모든 소리가 내는 비브라토의 곡선,
구름조차 통과하는 허공이지만
소리라는 드릴은 언제나 직선을 뚫는다

드릴로 뚫으며 생기는 소리의 부스러기들이
울음이나 웃음을 떨림의 곡선으로 만드는 것이다

언젠가 담장 밖에서 들려오는 울음소리에
소리의 파장을 찾아 나선 적이 있었다
그것은 심한 바람에 매달리는 나무의 울음소리였다
위아래, 좌우로 흔들리는 그것들은
질서정연하게 직선으로 흔들리고 있었다

지친 내 걸음도 늘 흔들리는 걸음으로 보였지만
그러나 뒤돌아보니 역시
한걸음씩 내딛을 때의 발자국은 언제나 직진(직선)이었다

겨울 연밭

어머니는 저녁이면
몸에다 오리발을 닮은 물갈퀴를 여러 개 달고 오십니다
발갛게 언 물갈퀴로 언 땅을 파헤치고 캐낸
비행접시 닮은 둥글고 긴 우주를 꺼내놓으십니다
그 우주는 몇 개의 연결 마디를 지니고 있습니다
우리가 알 수 없는 몇 생을 지나면서 생긴 것이겠지요

어머니의 물갈퀴에는 마디마다 옹이가 들어차 있습니다
우주의 몸속에서 하늘로 별을 날린 자리라고 불러봅니다
펀칭기로 종이를 뚫었을 때의 구멍 같은 생채기입니다
어머니의 마디마다 생긴 옹이는 별들의 무덤인지 모르겠습니다
매일 어머니는 그것들을 손가락에 묻어줍니다

오늘도 어머니는 진흙 속의 우주들을
붉은 물갈퀴로 닦아서 박스에 담습니다
박스마다 열어야 할 숙제가 품어 앉습니다
그 속에서 붕붕 날아 갈 준비들을 하고요
박스에는 어머니의 옹이도 함께 들어찹니다.
연근은 십오 키로 십 만원인데
어머니 옹이의 대가는 절반입니다

밤비

어둠을 두드리던
노크소리는 잠시 후 울음으로 변한다
울음소리 높아질 때마다 우르르 창문이 흔들린다
나무들의 키가 커졌다 작아졌다 한다

한때 떠난 사람의 목소리 같다
몇 개의 목로주점에서 취기를 얻어온
그의 울음이 모락모락 피어난다
울고 있는 그의 몸이 앞뒤 좌우로 흔들거린다

그러나 그 소리는 사선으로 땅에 내려 꽂힌다
가끔은 바닥으로 향하던 울음이 튀어오른다

철렁거리는 동전 몇 닢 소리처럼
그가 오늘은 울음으로 찾아온 것이다
양손을 내밀고 그의 까만 손을 잡아준다
차가워진 그의 손이 한기에 떨고 있다
그의 손을 맞잡고 부벼주자 조금씩 온기를 찾는다

그의 울음소리가 잦아들기 시작한다
젖은 나무들이 가만히 잠든다

떡 두꺼비

기집년 여섯을 낳은 울 어무이, 눈치없이 배가 또 불렀습니다. 울 어무이 고추밭에서 빌고 또 빌었습니다. 고추 실한 아들 하나 낳게 해달라고 빌다가 씨잘데 없는 년이라고 소리치던 호랭이 할매 생각나 울고 또 울었습니다. 어먼 밭타령만 하던 울 아부지 오일장에서 삼 줄 구해 밤새 꼬고 또 꼬며 실실거렸습니다. 어두운 곳 없이 불도 밝혔습니다. 박수무당의 갑오여 하는 소리 믿고 또 믿었습니다.

휘영청 달 밝고 눈 서리치는 날, 어무이 안방에서 나뒹굴었습니다. 입에 하얀 재갈 물고 덜퍽 떡두꺼비 한 마리 쏟았습니다. 떡두꺼비는 우는 소리도 두꺼비처럼 우웡우웡 했습니다. 그 떡두꺼비, 이제는 반백입니다. 대추씨처럼 쪼그라들어 아랫목에 누운 울 어무이, 늙은 아들 보면 헤벌쭉 웃는 어무이 배가 홀쭉합니다.

바람의 통로

신발창이 떨어졌다
군데군데 뚫린 구멍으로 바람이 들어왔다
골다공증 걸린 노모의 척추 뼈를 닮았다
뼛골에 바람 길이 생겨 뼛가루 수북하게 떨어진 채
휘어져 길게 내민 혓바닥,
걸어야 할 길을 향해 숨찬 소식 먼저 보낸다
세 발로 걸으면 고개가 먼저 가는 노모,
그녀가 걸어온 그 자갈밭은
내장재 스펀지도 평평한 길을 만들어주지 못했다

“신발도 늙으면 사람처럼 바람이 드는 구나”

노모의 시름없이 뱉어 낸 한마디가
신발창 사이로 들어갔다 빠져 나온다
수선을 하러가니 출시한 지가 오래여서
신창이 있을지 모르겠다고
노모와 신발이 한 묶음에 넘어간다
선불이어야 할 수선비가 후불로 정하고
수선소를 나오면서 사람도
한 번 쯤은 수선이 필요하다는 생각이 든다
그것도 선불 수선소를,

>

노모의 신발을 맞기고 돌아오면서
골다공증의 걸음으로 걷고 있는 나를 본다

강구항

진주를 뿌려 놓은 듯 물이랑이 반짝이는 강구항
물결이 장판처럼 판판하게 부풀어 오르면
먼 바다에서 큰 바람이 온다고 했다
용트림치듯 오는 흔들림을 감추기 위해
바다는 장판을 깔아놓고 큰 손님을 맞는다고 했다
내 어머니가 그랬다
방바닥을 정갈하게 닦아놓고 아버지를 기다렸다
어쩌다 찾아온 아버지는 사흘 낮 밤을
그처럼 정갈하게 닦아 놓은 방바닥에
온갖 태풍을 다 부려놓았다
바다는 밤새 처절하게 울어댔다
바위에 부딪쳐 날아오르는 포말은 모두를 추위에 떨게 했다
물살 가운데 든 바윗돌처럼 멍이 드는 어머니
밀려왔다 밀려가는 파도에 몽돌이 내는
비명조차 입 속에 물고 있었다
아침이면 잠들지 못한 물이랑에 진주조개 같은 미소를 깔고
태풍을 달래기도 했다
늘 그랬다
기다리는 시간이 업인 어머니,
가슴에 장판을 깔고 아버지를 기다리는 강구항이었다

친환경 볍씨의 말씀

뜨거운 물에 내 몸이 들 때마다 몸서리를 칩니다
몸서리치면서 눈은 커지고 몸은 단단해집니다
한 곳만 바라본다면 해의 반대쪽은 볼 수가 없답니다
불안한 환경을 이겨내는 알갱이를 남겨야 하는데
내 몸에는 원하던 원하지 않던
훤칠하게 크고 싶은 욕심이라는 종자가 있습니다
그야말로 알곡 하나 달지 못하는 겉멋이지요
얼굴을 토인처럼 까맣게 화장하고 싶은 별종,
어머니는 그것들을 깜부기라고 불렀지요
그 욕심의 끈을 70도의 물에 오래 부풀리면
떨어져 나가는 소리 찰방찰방 들립니다
찬물에 몸을 담그면 때 같은 욕망들 다 가라앉지요
피부가 탱탱해지고 몸이 식어야만 진짜 씨가 됩니다
물속에서 일주일의 휴식이 지나면 내 눈은
두꺼운 껍질을 뚫고 세상에 나갈 준비를 해요
새 길을 찾을 때마다 몸은 근질근질하지요
살갗 터지는 참을 수 없는 고통도 있지요
내 눈은 더 먼곳까지 보기 위해 뾰족해집니다
어머니는 작은 나에게 생명의 근간이라고 했습니다
생명으로 사는 존재라고 했습니다

출입금지에 대한 상상

출입금지라는 표지판을 덧대지 않아도
노인에게 그 길은 출입금지다
구부정한 허리를 곧게 펴보아도
앞서가는 지팡이를 들어 두드려 보아도
길은 무던한 글씨체로 금지를 쓰고 있다
맑고 반짝이는 유리 내장재를 쓴 길은
두 팔을 벌린 채 무언의 저항을 하고 있다
노인은 읍소하는 걸음을 옮겨보지만
몇 벌의 겨울옷을 덧입은 길은
대리석보다 더 견고한 고집을 갖고 있다

단단한 눈 위로 내린 비는 또 다른 길을 낸다

노인은 눈을 감고 치기 어렸던 길을 향해
스케이트 날을 날려본다
귀는 공중을 가르는 소리를 듣고
눈은 오래된 상상을 공중에 펼쳐 놓는다
출입금지를 모르던 세상을 향해
앞만 내다보고 달렸던 저 길,

내리는 비에 몽환에서 깨어나는 노인은
작은 비탈길에서 출입금지 표지를 읽는다

소낙비

난타공연은 시작되었다
마당가 비닐하우스의 북소리 빨라지기 시작하고
어디서 가물치 한 마리 허공으로 튀는 소리 나고
눈 먼 세수대는 귀가 아픈지 얼굴을 감싸고 있다

놀란 오이는 시퍼런 눈매로 하늘을 올려다보고
새들은 새들끼리 회오리처럼 공중을 한 바퀴 도는 사이
번쩍 조명이 켜지고
쾅, 징소리와 함께 무대가 열린다
신명나게 나뭇가지들 장구채를 휘두르고
고추조차 돌매 갓을 돌리는 한낮,

사람들은 한가해진 오후를 대문 밖으로 열어두고
가끔은 아픈 곳을 매만지며 신났던 날들의 난타를 본다

마을 어딘가에서 나는 지지미기름 냄새들,
곁에 있는 소낙비도 마루 끝에서 발가락 장단 맞추고
어느 으슥한 안방에서 아낙의 뒷물하는 소리
조용조용 들려온다

용접

세탁기의 수류는 신속하고 정확하게
액정화면에 내장 되어있는 정보를
하나씩 해체시키기 시작했다

정보들은 방종한 물의 자식으로 다시 태어났다
밖으로 탈출한 자유는 시끄럽다
강한 수류의 물방울이
켜켜이 쌓여 있던 세상 밖의 때를
서서히 용해시킨다
사랑한다, 그립다, 보고 싶다
몇 만 개의 언어는
제 몸의 허물을 벗기 시작하고
허물 벗은 언어는 잠자리의 날개를 타고
하늘로 날아오른다
몇 만 개의 언어들이 싸놓은 똥들은
난공불락일 줄 알았던 정분마저
퇴각시켰다
불통된 수억 광년의 거리는
수런거리는 소음에 휩쓸려 사라졌다
용접을 마친 세상은 어둡다
아니 평화다
동질의 것들을 녹여서

다시 용접을 해야만 살아날 수 있던 언어들이
침묵 속에서 잠시의 휴식을 갖는다
부풀려진 언어들을 탈수를 시키니
한 줌도 안 되는 그것들,
뜨거운 바람으로
재생을 시도 하나,

핸드폰을 빨았다

해설

세상 밖의 때를 씻어내는 수류水流의 언어

오홍진 문학평론가

세상 밖의 때를 씻어내는 수류水流의 언어

오홍진 문학평론가

조성례의 시는 이미 지나간 기억의 세계에 시작詩作의 근거를 두고 있다. '이미 지나간'이라는 표현을 썼지만, 시인에게 기억은 '현재 진행되는' 의미 또한 지니고 있다. 과거이면서 현재인 기억의 세계는 '노모老母'를 비롯한 다양한 시적 대상과 어울려 조성례의 시 세계를 수놓고 있다. 「가을을 수선하다」라는 시를 먼저 보도록 하자. 이 시는 "어느 집, 오랜 비와 바람으로 한쪽이 씰그러진 담장을 수선"하는 한 사내를 화자로 설정하고 있다. 그는 지금 오랜 비와 바람으로 허물어진 담장을 고치고 있다. 오랜 비와 바람으로 허물어진 담장이므로 그 안에는 수많은 기억의 흔적들이 쌓여 있을 것이다. 그리하여 이 시의 화자는 "크고 작은 사연들이 모여서 완만한 생을 이루는 돌담"을 수선하며 "그 옛날 비밀스런 월담의 이야기"를 하나하나 풀어낸다. 그곳에서 새색시는 시집살이가 힘들어 저 담을 넘었고, 어떤 사내는 이웃집 청상과부의 속살이 그리워 저 담을 넘었다. 집을 나가 소식이 끊겼던 순이가 봇짐을 안고 집안을 기웃대며 서성이던 곳 역시 바로 이 돌담이었다.

시인의 말마따나 돌담은 지금 "우리들의 과거를 모두 함구한 채, 함께 그렇게 등이 굽어간다". 돌담을 스쳐간 시간은 그곳에서 풋내 나는 추억을 쌓은 이들의 시간으로 그대로 되돌아온다. 변하지 않은 것이 있다면 "이제는 등 굽은, 동네 처녀총각들의 무수한 도발을 오래 묵인해 온 태양" 밖에 없다. 태양이라고 해서 변하지 않을 리 있겠는가. 새파란 청춘이 등 굽은 노인으로 변한 사람들에 비한다면, 태양은 지금도 여전히 제 빛을 내며 묵묵히 동네 청춘들의 무수한 도발을 지켜보고 있다. "능청스레 허리를 펴며 저녁 먹으러 서산을 넘는, 저녁마을"의 풍경은 태양이 지고 뜨는 시간의 흐름 속에서 지속적으로 펼쳐진다. 그곳에는 태양이 있었고, 사람들이 있었다. 태양이 뜨고 지는 시간의 순환성을 따라 그들은 '뜨고 지는' 저마다의 삶을 살며 저마다의 추억을 쌓았다. 조성례의 시작詩作은 무엇보다 해가 지는 저녁마을 풍경을 바라보며 돌담을 고치는 사내의 이 마음에 근본적인 정서의 뿌리를 내리고 있는 셈이다.

'가을을 수선하다'라는 시의 제목은 이런 점에서, 가을에 이른 존재가 바라보는 생의 어떤 지점을 예시적으로 드러내고 있다. 가을에 돌담을 고쳐야 혹독한 겨울을 견딜 수 있다. 물론 이것은 현실적인 이유이다. 앞서 이야기한 대로 돌담에는 무수한 기억의 흔적들이 스며들어 있다. 봄과 여름을 지나 가을에 이르렀으니, 가을을 수선하는 존재의 마음에는 이미 봄과 여름의 흔적들이 아름드리 쌓여 있을 것이다. 가을을 수선하는 것은 그러므로 지나온 봄과 여름을 다시금 들여다보는 행위를 동반할 수밖에 없다. 한쪽으로 기운 돌담의 현재는 지나간 시간의 흔적들이 모이고 모여 이루어진 결과이다. 「폭우, 그 끝」을 따른다면, 이러한 돌담의 현재는 어머니의 "주름진 저 손"과 다르지 않은 시적 의미망을 형성한다. 어머니의 주름진 손에 드리워진 고통의 흔적들은 그러나 돌담처럼 '수선'할 여지가 전혀 없다. 가을을 수선하는 시인이 어머니의 이 손을 시의 중심에 배치하는 까닭은 여기에 있다. 조성례의 시는 어미의 손에서 흘러나오는 "긴 소리의 끈들"(같은 시)을 따라 가을을 수선하는 존재의 내면을 하나하나 드러내기 시작한다. 돌려 말하면 그녀가 살아낸 봄과 여름의 기억들은 어미의 주름진 손과 더불어 '주름진 채' 한쪽으로 기운 돌담의 구석구석을 채우고 있다.

① 칠월, 태양이 꺼진 잿빛 허공 어디쯤
구름들의 모서리에서 뛰어내린 이슬비가 폭우로 변하던
어느 여름의 우기였을 것이다,
산골도랑의 바위를 굴리고 화전 밭을 뭉개고
산 아래 마을을 초토화시켰던 폭우도,
그랬다 붉은 울음들이 삼키고 떠난 자리들은 모두
길 아닌 길을 허옇게 포태하고 있었다
오래전 그녀의 사내가 저녁밥상을 내던지듯
골절된 세상의 꿈들을 부셔버렸을 때도
어머니, 그녀의 가슴 안쪽으로 붉은 물이 범람했었다
—「폭우, 그 끝」 부분

② 가을이 되자,

지난봄에 새마을 부녀회에서 심었던 동네 앞 코스모스 꽃길이
분홍 보라 빨강으로 온통 파도를 쳤다
열두어 살 주린 배에 노을이 지고, 그런 날 나는
코스모스와 잔디 씨를 받아오라는 숙제도 까맣게 잊고서 고픈 배 끌어안고
동구 밖 논둑과 누렇게 익은 밀밭을 지나 밀주가 있는 친척집으로 갔다
저승사자보다 무서운 세무서 방지원이 벌떼처럼 드나드는 동안
밀주, 볏집 속 헛간 구석 나뭇간 어디쯤에서 변함없이 부유해지곤 했고
친척집은 늘 이맘때면 고두밥과 누룩으로 술을 빚곤 했다
세상의 저녁이 익어갈 쯤에야 나는 포만의 귀가를 서둘렀고
알 수 없는 내 안의 비틀거림, 낡은 검정 고무신은 더 자주 벗겨졌다

—「올빼미」 부분

인용시 ①에서 주름진 기억은 "붉은 물"의 이미지로 펼쳐지고 있다. "산골 도랑의 바위를 굴리고/ 화전밭을 뭉개고/ 산 아래 마을을 초토화시켰던 폭우"의 "붉은 울음들"을 시인은 오래 전 한 사내가 부셔버린 어미의 삶에서 보고 있다. 어미의 가슴 안쪽을 흐르는 '붉은 물'에 주목함으로써 시인은 어미의 주름진 손에 드리워진 생의 내력들을 기억의 이름으로 불러내기 시작한다. 중요한 점은 어미의 이러한 삶

이 시인의 내력으로 이어지고 있다는 사실이다. 인용시 ② 에 나타나는 대로 어미의 어린 딸은 "열두어 살 주린 배"를 끌어안고 밀주를 담는 친척집에 들러 고두밥을 얻어먹곤 했다. "알 수 없는 비틀거림, 낡은 검정고무신은 더 자주 벗겨졌다"라는 시적 진술에 드러나거니와, 어미의 삶만큼이나 어린 딸의 삶 역시 만만치 않게 고단했다.

어미의 기억이 주름 속에서 풀어지면 자연스레 어린 딸의 고통스런 기억도 주름 속에서 풀려 나온다. 노모의 삶에 뿌리를 둔 조성례의 시는 이렇게 어린 딸이 발설하는 시의 언어로 구현된다. 어린 딸의 시어라고 했지만, 사실 그 이면에는 어미의 숨가쁜 삶의 언어가 스며들어 있다. 어미의 언어는 어린 딸의 언어로 끊임없이 변주된다. 아니, 어린 딸의 언어가 어미의 언어와 뒤섞여 조성례의 시 세계를 구성한다고 보는 게 정확하겠다. 시인에게 노모(의 삶)는 곧 자신(의 삶)이다. 타자가 나가 되는 지점을 시인은 노모의 삶을 통해 에둘러 드러내고 있는 것이다.

「보리, 분얼의 가계家系」에 표현되듯, "아버지는 칼바람을 안고 씨를 뿌렸"고, 어머니는 "보릿고개 한켠에서 어렵게 구한 쌀겨로 죽을 끓여 우리"를 먹였다. 시인은 아비와 어미에게 드리워진 이러한 삶의 무게를 "눈물의 무게"(같은 시)라는 시구로 표현한다. 시인의 말마따나 아비의 등굽은 손길과 어미의 주름진 손이 있어 가난에 찌든 오남매는 "생의 안쪽 깊이 뿌리내릴 수 있었다". 시인은 아비와 어미로부터 오남매로 이어지는 이러한 생의 이력을 "분얼의 가계"라는 말로 정리한다. 시인의 주註를 참조한다면, 분얼은 땅속에 박힌 식물의 부러진 뿌리에서 새 뿌리가 나오는 것을 의미한다. 부러진 뿌리에서 새 뿌리가 나오려면 그만큼 질긴 생명력을 지니고 있어야 한다. 시인이 분얼의 가계를 '보리'라는 사물에 비유한 이유는 여기에 있다. 한겨울에 파종하고 봄에 추수하는 보리의 습성으로부터 시인은 아비와 어미의 삶을 관류하는 질긴 생명력을 이끌어내고 있는 것이다.

> 몸이 나이를 먹으면서 노인은 기억의 괄약근도 풀려버렸다
> 오래 익혀온 숫자의 법칙도, 아이들 이름과 아파트 비밀번호도 모두
> 방전된 지 이미 오래고 그녀 이제 어떤 것도 열리지 않는다
> 거실 창가에 앉아 해바라기를 하는 한낮에도 그녀 안에 그녀는 없다
> 한번 열리면 잘 닫히지 않던, 그 옛날의 망가진 문처럼
> 만화방창의 화려했던 그녀의 일생은 모두 어디로 갔는지
> 지금 그녀라는 가옥 한 채가 통째로 기울고 있다
>
> 바람은 동서남북으로 불고, 물의 흐름도 매번 새로운 근원이 되지만
> 그녀는 한번 뽑혀 영원히 시든 꽃처럼 좀처럼 돌아오지 못한다
> 아직도 뭔가 분실하고 버릴 것이 더 남았는지
> 옷 입은 채 남루하게 서서
> 아랫도리에 뜨끈한 미련을 배설하고 아기처럼 옹알이 하

는 천진한 저 여인

악취 나는 오후 한 겹 말리며 베란다 문을 열자,
오후의 햇살이 다가와 조문하듯, 그녀의 앙상한 하체를 쓰다듬는다
초라하게 드러난 노모의 검은 사타구니가 오래전 다녀간 사내라도 기억하는지
바람에 슬프도록 수줍게 몸을 뒤척인다

—「생을, 분실하다」 전문

하지만 "몸이 나이를 먹으면서 노인은 기억의 괄약근도 풀어버렸다". 기억의 괄약근은 질긴 생명력의 다른 이름이다. 몸이 나이를 먹으니 기억의 괄약근도 나이를 먹는다. "그녀 안에 그녀가 없다"는 시구가 암시하는 대로, 그녀-노인은 이제 제가 만든 기억의 건축들을 하나하나 허물고 있다. 분얼의 가계에 새겨진 질긴 생명력은 시간의 폭력 속에서 속절없이 "통째로 기울고 있다". 살아 있음을 느낄 수 있는 건 오후의 햇살을 받고 "바람에 슬프도록 수줍게 몸을 뒤척"이는, 그녀의 앙상한 하체뿐이다. 이미 허물어진 몸에는 찌그러진 담장처럼 기억의 흔적만이 남아 있다. "아기처럼 옹알이하는 천진한 저 여인"은 지금 영원히 시든 꽃이 되어 기억의 흔적마저도 지워질 상황에 처해 있다. 시인은 "생을, 분실하다"라는 시의 제목을 통해 노모의 생에 드리워진 죽음의 맥락을 분명하게 전달하고 있는 셈이다.

문제는 생을 분실한 노인의 현재가, 생명이 있는 존재라면 누구나 거쳐 가야할 생의 한 과정이라는 점에 있다. '노

모'라는 육친적인 관계를 제외하고 본다면, 노인의 모습은 "찌개지고 날카로운 상처투성이"(「바다 고물상」)로 삶을 영위한 존재들의 상황을 직접적으로 보여준다. 그리하여 노모와 마찬가지로, 「깻잎을 지우며」에 등장하는 아버지는 "검버섯 돋은 얼굴로/ 말라가는 깻잎처럼 부석거렸던 아버지"로 묘사된다. "서로 엉킨 손가락 끝을 놓지 않고 매달리는 깻잎들" 앞에서 아버지는 누군가를 향해 "떨리는 목소리로/ 풀어줘/ 풀어줘"라는 말을 애절하게 반복한다. 침대에 결박된 아버지의 마지막 생이 도달한 말이 '풀어줘'라는 말이었다. 결박이 풀리면 아버지는 어디로 가려고 했을까? "뼈조차 노랗게 물든 깻잎 되어 바닥에 내려진 당신"이라고 시인은 적고 있다. 푸르던 깻잎이 노랗게 물드는 것은 시간의 법칙이다. 아버지는 그 '노란 시간'의 가장자리에 서서 자신에게 주어진 생의 마지막 시간을 보내고 있다.

아버지의 '노란 시간'은 「드라이플라워」에서는 노모의 몸에 피어나는 '각질의 시간'으로 변주되고 있다. 시인의 말대로 "말라간다는 것은, 생의 바깥으로 나앉는 것"이다. 아버지의 '풀어줘'라는 말이 생의 바깥으로 나아가려는 의미를 내포하고 있듯, 노모의 몸에 피어난 각질 역시 생의 바깥으로 나아가려는 생명의 무의식을 함유하고 있다. 말라간다는 것은 몸에서 수분이 사라지고 있다는 증거가 아닌가. 아버지의 노란 시간이 어머니의 '마른 시간'으로 이어지는 바로 이 지점에서 시인은 "머지않아 내가 조우할 마른 길들"을 본다. 생을 분실한 아비와 어미의 삶은 생명을 지닌 존재들을 지배하는 보편 법칙이다. 시인은 이러한 생의 보편 법칙을 아비와 어미의 삶으로부터 이끌어낸다. 생의 보편 법칙은 아비의 노란 시간이나 어미의 마른 시간에 드러나는 바, 항상 구체적인 형상을 띠고 구현된다. 생의 법칙은 추상이 아니다. 추상이라면 생의 마지막 일들이 이리 힘들지 않을 것이다. 시인이 시간과 더불어 늙어가는 아비와 어미의 삶 속에서 여전히 감각의 끈을 붙들고 있는 것은, 생의 보편 법칙에 내재된 이러한 역설과 무관하지 않을 것이다.

① 저 손끝에서 성장해 나간 이름들이 내 몸 속에 뿌리를 내리고 있다
콩, 애호박, 아욱
저녁 식탁에 오른 된장국 속에서
섬유질처럼 질겼을 노파의 일생이 물컹, 익어가고 있다
우리 동네에는 해마다 오월이면 땅 속에 저장된 기억을 꺼내는 할머니가 산다
그녀가 숭배하는 종교는 텃밭이고, 주어는 기억이며 서술어는 호미이다
—「기억의 힘」 부분

② 산다는 일의 대부분이
배고픔 쪽에 매달려 전전긍긍했던 시절이 있었다
하루 두 끼를 죽으로 연명하던 때
뼈골을 드러낸 팔뚝에 푸르게 솟던 심줄의 날들이
떠올릴 적마다 기억에 선명하다
—「먹는다는 것은」 부분

③ 벌레의 흔적이 없는 푸른 유두를 매단 채

사방에 대고
먹어먹어,
바람의 전언을 들은 참새 떼들
아침저녁으로 배 불리는 소리 요란하다
그럴 때마다
바람이 한 번씩 찾아와
머리 쓰다듬어주니
반짝반짝 뒤집히는 이파리들,

—「천상 음악회」 부분

인용시 ①에는 마당 한쪽에 더덕 모를 심는 구순 노모의 모습(1연)이 나온다. 몸에는 각질이 피었어도 호미질의 기억은 여전한지 잔디를 파헤치는 노모의 손등에 푸른 힘줄이 맺힌다. '기억의 힘'이라는 제목의 이 시에서 시인은 노모의 생을 감싸고 있는 노동의 의미를 에둘러 드러낸다. 노모에게 노동은 무엇보다 먹고 살기 위한 방편이었지만, 한편으로 그녀에게 노동은 자신의 생을 증명하는 유일한 방법이기도 했다. 시인의 말대로 "그녀가 숭배하는 종교는 텃밭이고/ 주어는 기억이며 서술어는 호미"였다. 그곳에서 그녀는 호미를 쥐고 평생을 살았으며, 따라서 다른 기억들은 잊어도 호미질의 기억만은 잊지 않았다. 몸에 새겨진 기억의 맥락은 바로 이 지점에서 그 의미가 분명해지는바, "섬유질처럼 질겼을 노파의 일생"을 시인은 이러한 노동의 감각("물컹, 익어가고 있다"는 시구에 주목하자)을 통해 구체적으로 표현하고 있는 셈이다.

노모에 몸에 감각으로 새겨진 노동의 기억은 인용시 ②

에서는 '먹는 것'에 대한 감각으로 변주되어 나타나고 있다. 무언가를 먹는 행위는 생명의 행위이다. 등짝이 들러붙은 길 고양이가 "먹는다는 일 앞에서 무장해제를"(같은 시 3연) 하는 까닭도, 일단은 먹는 일을 해결해야 무장도 할 수 있기 때문이다. 시인은 이 시에서 "산다는 일의 대부분이/배고픔 쪽에 매달려 전전긍긍했던 시절"을 회상한다. 기억에 선명하게 남아 있는 배고픔의 기억은 호미질에 대한 노모의 기억만큼이나 구체적이다. 다른 건 잊을 수 있어도 몸에 새겨진 배고픔의 기억은 쉽게 떨칠 수 없다. 그리하여 시인은 같은 시의 4연에서 "먹는다는 일은, 세상의 가장 낮은 일 같기도 하다는" 점을 강조한다. 국물 한 술을 떠먹을 때도 사람들은 "앉은키보다 더 밑으로 입을 내려야 한다". 세상의 가장 낮은 일로 정의되는 '먹는다는 것'은 이렇게 사물을 향한 겸손한 마음으로부터 비롯된다. 노모는 이 '먹는다는 것'을 위해 끊임없이 호미질을 했고, 그것은 어김없이 몸의 기억으로 새겨졌다. 텃밭을 종교처럼 숭배하는 노모의 노동은 결국 겸손한 마음으로 사물을 대하는 농꾼들의 생명의식과 밀접하게 이어져 있는 것이다.

인용시 ③에서는 '먹는다는 것'의 사회적 차원이 대추나무 성자의 모습을 통해 표현되고 있다. 대추나무 이파리-바람-참새 떼들로 이어지는 생명의 그물망은 '먹는다는 것'의 시적 맥락이 한 사물의 차원을 넘어서고 있음을 정확히 드러내고 있다. 대추나무 성자는 푸른 유두를 매단 채 "사방에 대고 먹어먹어."를 외치고, 바람은 대추나무의 그 외침을 참새 떼들에게로 전한다. 가는 게 있으니 오는 게 있다. 바람이 대추나무를 쓰다듬자 이파리들이 반짝반짝 뒤집힌다. 새들은 이 가지 저 가지 날아다니며 아름다운 노래를 대추나무에게 들려준다. "푸른 음악회는 매일 만석 공연이다"(같은 시 3연)라는 시구에 드러나거니와, 시인은 생명이 있는 존재들이 펼쳐내는 생의 풍경을 낭만적인 필치로 그려내고 있다. 한 존재의 생은 다른 존재들의 생과 어울려 또 다른 생으로 비약한다. 시인은 '먹는다는 것'에 내포된 생명의 그물망을 표현함으로써 아비와 어미에서 자신으로 이어지는 분얼의 가계를 다시 한 번 확인한다. 분얼의 가계는 이렇게 끊어질 듯 이어지며 한 생에서 다른 생으로 이어진다.

설거지하는데 치마꼬리를 잡는 아이는
두 손을 눈 위에 얹고 손바닥 안으로 사라진다
순간 적막이 녹아든다

어디 있나 찾는 소리에
까르르, 아이는 손가락 밖으로 나온다
손바닥 안에서 무엇을 보고 왔을까
손바닥의 안팎은 가늠할 수 없는 거리다

모래밭의 햇살 속에서
아이들이 피라미들과 유영을 하고 있었다
마치 백조의 꿈을 꾸는 발레리나의 다리같은
햇살과 종아리를 만져보고 싶은 갈망에 떨게 했다

햇살을 만지러 점점 더 깊은 곳으로 달려갔다

순간 나는 집에서 너무 멀리 왔다는 공포감이
일렁이는 얇은 물살처럼 천근 벽으로 막아서고 있었다

숨이 막혔다
입으로 코로 공포가 마구 들어왔다
엄마의 찾는 소리가 손바닥 밖에서 들려왔다

와아 들려오는 함성이 퉁퉁 부은 손가락 사이로 들렸다
깜짝 놀란 눈에 들어오는 햇살은 여전히 눈이 부셨다,
키 큰 오빠가
내 머리채를 움켜쥐고 나를 햇살 밖으로 끌고 나왔다

두께를 알 수 없는 맑은 물과 햇살 속에서
나는 여전히 숨바꼭질하는 중이다

―「나는 햇살과 숨바꼭질을 하는 중이다」 전문

조성례 시인에게 인생은 손바닥 너비의 작은 공간에 숨어 있다. 손바닥으로 눈을 가리면 적막이 녹아들고, 손바닥을 눈에서 떼면 여전히 눈부신 햇살이 이 작은 공간으로 밀려든다. 어둠과 밝음의 여정이 끊임없이 펼쳐지는 손바닥 너비의 인생은 그래서 "가늠할 수 없는 거리"로 시인에게 다가온다. 한눈으로 볼 수 있는 손바닥 너비의 공간이, 그리고 그곳을 뒤덮고 있는 찬란한 햇살이 왜 이리 시인에게는 다가갈 수 없는 심연의 대상으로 인식되는 것일까? 시인은 "집에서 너무 멀리 왔다는 공포감"을 이야기하고 있다. 그리하여 "햇살을 만지러 더 깊은 곳으로 달려"갈수록 시인은 도리어 숨이 막히는 상황에 직면한다. 입으로, 코로 공포가 마구 들어온다. 환상이지만 공포에 빠진 사람에게는 현실과 다를 바 없다. 손바닥 밖에서는 어린 아이를 부르는 엄마의 소리가 들려온다. 눈에서 손바닥을 떼면 엄마가 있는 곳으로 갈 수 있을 것 같은데, 손바닥은 쉽게 떼어지지 않는다. 어린 시절에 겪을만한 가위눌림의 공포를 시인은 의도적으로 시의 세계로 불러내고 있는 것이다.

이렇듯 햇살을 만지러 더 깊은 곳으로 들어갈수록 시인은 어둠의 공포 속으로 더욱 깊숙이 빠져든다. 햇살의 이면에는 어둠이 있다. 키 큰 오빠가 이 어둠 속에서 "내 머리채를 움켜쥐고 나를 햇살 밖으로 끌고 나왔다". 공포는 사라진 것일까? "나는 햇살과 숨바꼭질을 하는 중이다"라는 시의 제목이 암시하는바 그대로, 시인은 여전히 햇살과 숨바꼭질을 하고 있다. 돌려 말하면 그녀는 아직도 어둠의 공포에 한 발을 디딘 채 살고 있다. 조성례의 시는 이렇게 본다면 이러한 어둠의 공포와 대면한 존재의 상황을 고백하는 양식인지도 모르겠다. 어린 시절의 가위눌림을 기억하는 자의 초상이라고 할까. 그녀는 표면적으로 아비와 어미의 고단한 삶을 이야기하고 있지만, 그 밑바탕에는 어둠과 대면한 존재의 내면적 공포가 자리하고 있다. 햇살을 향한 시인의 열망은 이러한 어둠에 대한 공포와 이어져 있거니와, 이 점이 무엇보다 조성례의 시작詩作이 이루어지는 핵심이라고 할 수 있겠다.

어머니는 늘 만월을 생각하고 있었다
내 속의 것들 모두 덜어내고

둥근 웃음을 끌어안고 있던 당신,
계수나무 한 나무가 아니더라도
어머니는 자주 절구대 들고 있는 꿈을 꾸었다
빈 항아리를 긁다 기어이 보리픗바심을 하면
마음이라도 만월이려고 애썼다

눅눅한 광 구석에서 허연 곰팡이를 끼고 있으면서도
바가지를 긁는 소리를 내지 않았다
오뉴월 폭양 속에서
짭짜름한 간장을 졸이면서도 늘 마음은 만월이었다
어쩌다 행상에서 돌아온 곡식자루가 묵직한 날
어머니는 자식들의 배를 바라보면서 눈꼬리를 적셨다

나이 들어 만월의 그집 찾아가니
밥 먹었니, 배는 부르니 하고 눈짓으로 묻는 항아리
곰삭아 허물어진 장독대에서 빈집을 지키고 있다
젖꼭지 물던 그때처럼 당신의 배를 슬슬 문지르니
간지러움에 어머니 한 번 몸을 추스르신다
—「달항아리」 전문

가난한 어머니의 마음에는 늘 만월이 있었다. “둥근 웃음”이라는 시구로 표현되는 만월의 이미지는 노모라는 시적 대상을 통해 시인이 이르려는 어떤 지점을 에둘러 드러낸다. 눅눅한 광 구석에 하얀 곰팡이가 피어도 어머니는 바가지 긁는 소리를 내지 않았다. 묵묵함으로 가난을 견딘 세월이 노모가 살아온 생의 시간을 규정한다면, 시인은 무엇보다 어머니의 이러한 시간으로부터 둥근 웃음으로 구현되는 만월의 이미지를 이끌어낸다. 가난했던 그 시절, 어미의 마음을 아프게 했던 '빈 항아리'는 이제 만월을 품은 항아리가 되어 시인의 마음속에 새겨져 있다. 만월의 달항아리는 지금도 "밥 먹었니, 배는 부르니 하고 눈짓으로 묻는"다. 시인은 이처럼 어둠의 깊이와 대면한 존재의 맞은편에 달항아리의 서정을 배치하고 있다. 달항아리의 서정은 「밤비」라는 시에도 변주되어 나타나는데, 이 시에서 시인은 울음으로 찾아온 "그의 손을 맞잡고 부벼주"는 이타적인 존재를 제시하고 있다. 시인이 "한때 떠난 사람의 목소리 같"은 밤비의 울음을 기꺼이 받아들이자 한기에 떨던 그는 조금씩 온기를 회복한다. 차가운 밤비에 온기를 불어넣는 힘은 이렇게 떠나버린 사랑마저도 온몸으로 감싸 안는 포용의 미덕으로부터 나온다. 밤비에 "젖은 나무들이 가만히 잠든다"라는 시적 상황은 시인으로서 조성례가 이르려는 시적 지점을 분명히 보여준다고 해도 좋을 것이다.

조성례 시의 한쪽에는 어둠의 언어가 있고, 다른 한쪽에는 그 어둠을 보듬어 안는 빛-햇살의 언어가 있다. 시인은 어둠과 빛의 경계를 넘나드는 수많은 언어들을 녹여서 그녀만의 시적 세계를 구축하는 새로운 언어를 만들어낸다. 「용접」이라는 시에 표현되는 것처럼, 시인은 "동질의 것들을 녹여서/ 다시 용접을 해야만 살아날 수 있던 언어들"로 시를 쓴다(쓰려고 한다). 헤아릴 수 없는 언어들이 부유하는 세상에서 시인은 '용접'이라는 시작법을 통해 "부풀려진 언어들을 탈수"시키는 힘든 도전을 감행한다. "몇 만 개의 언어들이 싸놓은 똥들"(같은 시) 앞에서 펼쳐지는 시작의 과정은 "켜켜이 쌓여 있던 세상 밖의 때를/ 서서히 용해시" 키는 세탁의 과정으로 유추된다. 그녀에게 시-언어는 몇 만 개의 언어들이 싸놓은 똥들을 치우는 세탁기의 수류水流와 다르지 않다. 그녀는 물에 씻긴 "허물 벗은 언어"(같은 시)로 기억 속의 노모를 이야기하고, 먹는다는 일 앞에서는 무장을 해제하는 생명들을 이야기한다. 몸이 허물어져도 잊을 수 없는 말이 있고, 이야기가 있다. 조성례의 시는 바로 그 잊을 수 없는 언어와 이야기의 중심을 관통하는 기억의 경계 속에서 펼쳐지고 있는 것이다.

조성례

조성례 시인은 2015년 『애지』로 등단했고, 서울디지털대학교 문예창작과를 다니고 있으며, 『가을을 수선하다』는 조성례 시인의 첫 번째 시집이다. 『가을을 수선하다』는 과거와 현재를 넘나들며 인간과 사물의 핵심을 꿰뚫어보는 통찰력의 산물이자 그 옛날의 시적 이야기의 백미白眉라고 할 수가 있다. 언어 역시도 아름답고 싱싱하게 살아 있으며, 고전적인 미학을 뽐내고 있는데, 이것은 그가 오랫동안 고통의 지옥훈련과정을 거쳐왔음을 뜻하게 된다.
시는 고통의 꽃이며, 이 꽃은 사상으로 그 열매를 맺게 된다. 너와 내가 우리로서 하나가 되는 꽃, 이 꽃의 열매가 조성례 시인의 『가을을 수선하다』의 시들이라고 할 수가 있다.

이메일 : rkdirhrfl@hanmail.net

조성례 시집

가을을 수선하다

발　행 2017년 5월 15일
지은이 조성례
펴낸이 반송림
편집디자인 김지호
펴낸곳 도서출판 지혜
계간시전문지 애지
기획위원 반경환 이형권 황정산
주　소 34624 대전광역시 동구 선화로 203-1, 2층 도서출판 지혜 (삼성동)
전　화 042-625-1140
팩　스 042-627-1140
전자우편 ejisarang@hanmail.net
애지카페 cafe.daum.net/ejiliterature

ISBN : 979-11-5728-228-9 03810
값 9,000원